Beate König

Glücksorte
in und um
Lübeck

Fahr hin & werd glücklich

Dieses
Glücksbuch
ist für

Liebe Glücksuchende,

mit Marzipan und Meer, Monumenten und Musik – die Möglich-
keiten, das Glück in und um Lübeck zu finden, sind unzählbar.
Dicht an dicht schmiegen sich im historischen Stadtkern Treppengiebel, Jugendstilfassaden und himmelwärts strebende Backsteingotik an schmale Eingänge von Höfen und Gängen.
Mein Tipp für Neuentdecker: Die gerade 2 Kilometer lange und nur
1 Kilometer breite Altstadtinsel im Genießertempo zu Fuß erkunden. Beim Schlendern entschleiert die Königin der Hanse ihr histori-
sches Gesicht. Charmante Cafés laden zum entspannten Sinnieren
über gerade Erlebtes und Glücksort-Favoriten ein. Rund um Lübeck
locken rasante Achterbahnen, Treidler-Kurse und ein Star-Wars-Fan-
Museum zu Ausflügen ins Land. Glücksentdecker finden einmalige
Natur im Kellenhusener Forst, an der Wakenitz und an der Ostsee.
Vom Schlafstrandkorb in den Sonnenaufgang sehen – das ist
beglückend romantisch.

Ihre Beate König

Deine Glücksorte ...

1 Darsteller aus Holz und Stoff
Im Theaterfigurenmuseum 8

2 An der großen Lagune
Spazieren im Naturschutzgebiet
Schellbruch 10

3 Schwede mit roter Posaune
Das JazzBaltica in
Timmendorfer Strand 12

4 Die legendäre Nusstorte
Zu Gast im Niederegger
Stammhaus 14

5 Berühmt & beeindruckend
Das Holstentor – Wahrzeichen
der Hansestadt 16

6 Am Kellenhusener Forst
Die Wasserstandseiche
und der Hof Klostersee 18

7 Selbstgemachtes bei Klüvers
Im Brauhaus am Hafen 20

8 Das Gold im Sand
Bernstein am Ostseestrand 22

9 Der nahbare Nobelpreisträger
Im Günter Grass-Haus 24

10 Röstaromen an der See
Tork's Kaffeerösterei ,
in Grömitz..26

11 Im Marmeladenland
Werksverkauf in
Bad Schwartau..................................28

12 Der Teufel vor der Tür
St. Marien – die Kirche
für die Bürger 30

13 Durch ein Buch flanieren
Das Buddenbrookhaus...................32

14 Experimente am Wegesrand
Der Wissenschaftspfad
in Lübeck...34

15 Tony Buddenbrooks Beichte
Fiktion und Wirklichkeit
in St. Jakobi 36

16 Weiße Magie
Beim Zaubertheater in
der Beckergrube 38

17 Löwen am Grömitzer Strand
Der Zoo Arche Noah 40

18 Der Geschmack der Ostsee
Am Priwallstrand..............................42

19 Hanse-Pracht am Markt
Das Lübecker Rathaus.....................44

20 Eine Nacht auf der Passat
Die Viermastbark
in Travemünde 46

21 Entschleunigen mit Sorbet
Im Eiscafé von
Familie Steffens 48

22 600 Jahre Seefahrerromantik
Guten Appetit in der
Schiffergesellschaft 50

23 Zu Gast bei Herbert Frahm
Das Willy-Brandt-Haus 52

24 Das Elixier der Hanse
Lübecker Rotspon im
Nordisches Weinhaus 54

25 Mit Luke Skywalker im All
Fan-Museum Outpost One
in Dassow 56

26 Handel, Erfolg & Mythos
Das Europäische
Hansemuseum 58

27 Das Original aus Travemünde
An Zöllners Fietsche-
Fischer-Stand 60

28 Süße Stränge
In Tanja Ebrechts
Bonbon-Manufaktur 62

29 Schnacken wie die Hanseaten
Niederdeutsche Bühne
im Stadttheater Lübeck................... 64

30 Steilküste Brodtener Ufer
Zwischen Travemünde
und Niendorf.................................... 66

31 Frühstück im Erdbeerrausch
Im Karls in Warnsdorf 68

32 Die Wale aus der Ur-Nordsee
Im Museum für Natur
und Umwelt....................................... 70

33 Muskeltour ins Grüne
Mit der Draisine auf
der Schiene 72

34 Klein, aber fein
St. Aegidien im
Handwerkerviertel 74

35 Herren links, Damen rechts
Im Naturbad Falkenwiese 76

36 Schuhschnabel & Schleiereule
Rundgang durch den
Vogelpark Niendorf.......................... 78

37 Wo fängt der Luxus an?
Industriemuseum Geschichts-
werkstatt Herrenwyk 80

38 Meerjungfrauentäschchen
Im Sea Life in
Timmendorfer Strand 82

39 Neues Leben in alten Mauern
Das Stadthaus Kleine
Altefähre 17....................................... 84

40 Samen-Taxi am Stülper Huk
Das Naturschutzgebiet
Dummersdorfer Ufer 86

... noch mehr Glück für dich

41 Von zwei Löwen bewacht
Der Lübecker Dom 88

42 Einmal übern See brettern
Die Wasserskianlage
in Süsel 90

43 Ein Entree mit Stil
Der Strandbahnhof
Travemünde 92

44 Uter Konditoreibar
Patisserie-Schwelgen in
der Fleischhauerstraße 94

45 Im frischen Wind
Auf dem Turm der
St.-Petri-Kirche 96

46 Wo die Hünen ruhten
Das Großsteingrab
bei Pöppendorf..............................98

47 Im Keller der Mönche
Das Kloster Cismar 100

48 Da ist Musik drin
Der Tonfink: Kulturbar
mit Kaffeetresen 102

49 Ein Breilöffler unter Heiligen
Im St. Annen-Museum 104

50 Ferien überm Amboss
In der Alten Schmiede
von Pötenitz...................................106

51 Priwall ahoi!
Die kürzeste Kreuzfahrt
der Welt 108

52 Summen heißt Glück
Alpaka-Spaziergang in
der Palinger Heide 110

53 Strudelsport im Abendrot
on der Promenade in
den Wittern-Park...........................112

54 Die Wiederkehr des Sees
Feldsteinkirche Ratekau
und Ruppersdorfer See 114

55 Batmans beste Freunde
Im Fledermaus-Zentrum
Noctalis Bad Segeberg 116

56 Das grüne Wohnzimmer
Der Schulgarten von
Harry Maasz 118

57 Made in Lübeck
Die Manufaktur
für Schönes 120

58 Einmal zum Tor der Hoffnung
An der Wakenitz von
St. Jürgen nach Marli.....................122

59 Eine nostalgische Zeitreise
Das Schatzcafé 124

60 Das Abschluss-Feuerwerk
Die Travemünder Woche..............126

61 Anarchie auf Samtpfoten
Die Löwen-Apotheke 128

62 Sport auf der Humboldtwiese
Im Park von St. Lorenz Nord 130

63 Beschwingt in den Schlaf
Im Kofferhotel Schmilau 132

64 Die Seligen von Lübeck
Gedenkstätte in der
Propsteikirche 134

65 Das Römische Reich in Lübeck
Wohnen im Ganghaus...................136

66 Zum Glück wieder vereint
Die Grenzdokumentations-Stätte
in Schlutup 138

67 Guter Grund
Am Hemmelsdorfer See
bei Niendorf 140

68 Kolosse am Kunstkilometer
Das Bildhauersymposium
in Neustadt 142

69 Trave-Träumereien
Rund ums Brahms-
Denkmal 144

70 Vergnügt im freien Fall
Im Hansa-Park Sierksdorf..............146

71 Das eigene Treidlerpatent
Bei den Stecknitzfahrern
von Berkenthin................................148

72 Aus der Sicht einer Perle
Das Muschel- und
Schneckenmuseum Cismar...........150

73 In eleganter Atmosphäre
Das Museum Behnhaus
Drägerhaus 152

74 Wir alle sind aus Sternenstaub
In der Sternwarte von
Neustadt 154

75 Küsterflüstern im Strandkorb
Das Seebadmuseum
in Travemünde 156

76 Fahrt ins Blaue
Der Blaudrucker Koch
von Neustadt...................................158

77 Wakenitz im Tretboot
Bei der Bootsvermietung
Hübner...160

78 Seelenlauscherei am Strand
Beim Klangschalenkonzert
in Pelzerhaken.................................162

79 Café mit rotem Faden
Alles gewollt in Pötenitz 164

80 Sonne, Mond und Morgenrot
Im Schlafstrandkorb 166

Darsteller aus Holz und Stoff

Im Theaterfigurenmuseum

Kaum hat Museumsleiterin Antonia Napp Karsten aus dem Schaufenster des Figurentheaters geholt, legt sich ein Zauber über das Café im Foyer. Die Marionette tapst, an Fäden von oben gelenkt, ein paar Schritte. Macht einen Ausflug zur Tischkante, berührt eine Blüte mit der Hand. Mit jeder Bewegung der feinen Glieder zieht der kniehohe Knirps die Gäste in den Bann. Es ist zum Staunen: Neigt Antonia Napp das Spielkreuz mit den Fäden, wird aus Holz, Stoff und Fäden ein Kleindarsteller, so lebendig wie ein Mensch. „Was er wohl als Nächstes macht?", liegt in der Luft. Winzige Veränderungen in der Haltung des geschnitzten Kopfes genügen, damit der Junge mit dem roggengelben Borstenhaar fröhlich oder nachdenklich blickt. „Das ist der Kunst der Figurenschnitzer zu verdanken. Je nach Lichteinfall verändert sich die Mimik", zeigt Antonia Napp eine der Finessen, die Museums- und Figurentheatergründer Fritz Fey am Puppenspiel faszinierten. „In anderen Kulturen ist Puppentheater eine eigene Kunstform. Mit Kasperletheater hat das nichts zu tun." Fey brachte von Reisen in die ganze Welt Tausende Schlenker-, Stab- und Handpuppen mit. Den Altersrekord hält eine 350 Jahre alte französische Marotte, eine Stabpuppe. Fey erhielt für seine theaterhistorisch bemerkenswerte Sammlung 2013 den Bundesverdienstorden. Über Jahrzehnte, bis 2007, führte Fritz Fey mit seiner Frau Saraswathi Fey in seinem Figurentheater selbst Stücke auf. 2011 zog sich das Paar zurück, die Possehl-Stiftung übernahm als einzige Gesellschafterin die TheaterFigurenMuseum GgmbH. Bei den Inszenierungen wird jetzt auf eine enge Zusammenarbeit mit dem Figurentheater Kobolt gebaut.

Die fünf Altstadthäuser, in denen Theater und Museum untergebracht sind, werden seit 2018 saniert. Zum Glück kann Feys fantastische Sammlung bei Depotführungen weiterhin bestaunt werden. Zweites Glück: Das Figurentheater zum neuen Museumshaus „Kolk 17" zeigt auf Ausweichbühnen in Lübeck weiterhin Stücke, bei denen die kleinen Schauspieler an Fäden das Publikum schon beim ersten Schritt verzaubern.

TIPP

Der Spielplan zeigt, wo die Puppen während der Sanierung tanzen.

● TheaterFigurenMuseum Lübeck, Kolk 14, 23552 Lübeck, Tel. (04 51) 7 86 26
www.theaterfigurenmuseum.de
● ÖPNV: Bus 1, 2, 3, 6, 7, 9, 15, 16, 8710, 8720, 8770, 8780, Haltestelle Kohlmarkt

An der großen Lagune

Spazieren im Naturschutzgebiet Schellbruch

„Hier ist es schön!" Die Euphorie in den roten Lettern auf der Lehne einer Bank mitten im Schellbruch steckt an. Hinter raschelndem Schilf steigen Gänse und Kormorane von der großen Lagune in den Himmel, auf der Trave ziehen dicke Pötte vorbei. Für Vogelfreunde hat das Naturschutzgebiet zwischen den Stadtteilen Israelsdorf, Karlshof und Gothmund Paradischarakter: Tausende Wasser- und Zugvögel können mit bloßem Auge, ohne Feldstecher, beobachtet werden. Der kürzeste Weg zur euphorisierenden Bank und zu einer Plattform mit Topaussicht auf die Vogelwelt taucht gegenüber den Häusern Nr. 34 und 35 in der Straße Am Schellbruch in den Wald ein. Das Schnattern vorüberfliegender Gänse über den Wipfeln kündigt akustisch die Nähe der Brack- und Süßwasserteiche an. In den 70er-Jahren erkämpften sich die Lübecker das 146 Hektar große grüne Idyll. Damals sollte die 1983 unter Naturschutz gestellte Fläche aufgespült und der Hafen vergrößert werden. Zur Lagune geht es an der ersten T-Kreuzung links auf den „Schwarzen Damm". Ein Infoschild mit dem Wegenetz kann zur Orientierung fotografiert werden. Vom „Schwarzen Damm" geht es zweimal jeweils bei der ersten Möglichkeit rechts ab, erst in den „Mövenstieg", dann in den „Gänsepfad".

Die Plattform liegt versteckt in einem Knick. Äste und Laub verbergen die Menschen vor den Vogelaugen. Ganz nah kommen im Frühjahr Entenmütter, die quakend flauschige Küken hinter sich her lotsen. Krickenten und Haubentaucher paddeln im Wasser. Kormorane breiten am Ufer ihre Schwingen zum Trocknen aus. Kreist ein Seeadler auf Beutezug in der Luft, bietet sich ein Naturschauspiel mit Wow-Faktor, wenn die Vögel in großen Schwärmen auffliegen. Eine Alternative dazu: Wer den „Gänsepfad" rechts liegen lässt und weiter geradeaus geht, findet die Euphorie-Bank und den Trave-Treidelpfad. Bugwellen großer Schiffe rollen glucksend ans Flussufer. Yachten segeln lautlos vorbei. Wer sich an „am ersten Weg rechts abbiegen" hält, findet nach einem ausgedehnten Spaziergang die Plattform.

* Naturschutzgebiet Schellbruch, Am Schellbruch, 23568 Lübeck
* ÖPNV: Bus 12, Haltestelle Forstmeisterweg

Schwede mit roter Posaune

3 Das JazzBaltica in Timmendorfer Strand

Ein Dampfer pflügt durch die blauen Wogen der Ostsee. Gischt spritzt am Bug. An Bord blinkt Messing golden. Der Wind trägt Musikfetzen zum Land und auf der Seebrücke in Timmendorfer Strand wird es plötzlich richtig eng. Wenn Nils Landgren zur Eröffnung der JazzBaltica mit seiner Band anlegt, wollen die Fans hautnah dabei sein. Der Schwede mit der roten Posaune winkt gut gelaunt vom Boot. Und seine Fans jubeln glücklich zurück. Man hat ihn vermisst, den sympathischen Charakterkopf mit der markanten schwarzen Brille. Für jeden, der ihm die Hand schütteln will, hat Landgren Zeit. Hört zu, stellt sich zum Selfie lächelnd in Position. Die Marching Band spaziert derweil in den Kurpark, hinter sich auf den gewundenen Wegen einen Bandwurm von Zuhörern. Hängematten schaukeln einladend zwischen den Bäumen.

TIPP

Stilvoll speisen im Restaurant Reethus, das alte Pfarrhaus ist das älteste Gebäude Timmendorfs.

Der Musikertross spinnt Melodien wie Seemannsgarn und nimmt Kurs von der Promenade ans Meer. Für die Badegäste in Strandkörben und Kinder mit Sandförmchen mischt sich Musik in den Wellenschlag. Landgrens rotes Instrument blitzt zwischen Saxophon und Trompeten im Licht. Eine Dame im Hintergrund trägt einen Bratschenkoffer. Eine Spezialanfertigung für das rote Blechblasinstrument, verrät Landgrens Ehefrau Beatrice. Darin verstaut, kann die Rote im Flugzeug ins Handgepäck, Posaunenkoffer sind dafür zu groß.

Seit 2006 pulsiert das Musikevent in Landgrens Rhythmus. Als künstlerischer Leiter gibt er zurück, was er dem Festival für Musiker aus der Region, den Ostsee-Anrainerstaaten und der ganzen Welt verdankt: Das JazzBaltica machte ihn berühmt. Drei Tage lang steht am letzten Wochenende im Juni von früh bis in die Nacht Jazz in allen Spielarten auf der akustischen Menükarte: Experimentelles, Cross Over, Dixieland, szenische Lesungen, ein Familienkonzert – Liebhaber sichern sich Monate im Voraus Tickets für Abende mit Musik von Pat Metheny. Damit die Musik alle verbinden kann, heißt es „Eintritt frei" an der Strandbühne, im Kurpark oder bei den Sessions in der Hotelbar.

....

● JazzBaltica am Maritim Seehotel, Strandallee 73, 23669 Timmendorfer Strand
www.jazzbaltica.de
● ÖPNV: Bus 40, 500, 504, 5814, Haltestelle Hotel Atlantis

Die legendäre Nusstorte

4

„Zum Rezept gehört eine Geheimzutat." Damit ist für Kathrin Gaebel vom Lübecker Marzipangiganten Niederegger im Café in der Breiten Straße alles gesagt. Verschwiegen schmunzelnd gießt sie ein Glas Mineralwasser ein – war das ein Hinweis? Weniger süß als andere Sorten – dieser Ruf eilt dem Marzipan aus dem Hause Niederegger voraus. Erfunden hat die Spezialmischung Konditormeister Johann Georg Niederegger. Bis heute ist seine Veredelung des Mandel- und Zuckergemischs nur in der Familie bekannt. Seit 1806 wird das Erfolgsrezept des Gründers von Generation zu Generation vererbt. 30.000 Kilogramm Marzipan für 300 unterschiedliche Produkte stellt das Unternehmen inzwischen in der Saison täglich her. Exportiert wird in die ganze Welt. Das Rezept bleibt in Lübeck.

TIPP

In der Zeissstraße 1–7 lockt der süße Fabrikverkauf.

Die Nusstorte mit einem feinen Topping der cremefarbenen Masse ist legendär. Glückspartikel strömen vom Teller, wird die duftige Köstlichkeit mit den verführerisch frischen Aromen von Schlagsahne und gemahlenen Nüssen im Café serviert. Alfred Mahlaus Form- und Farbentwurf, dem die Firma bis heute treu bleibt, erhöht den Genuss. Das Interieur in Weiß, Gold und Rot im Stammsitz und die seit 1921 unveränderten schmalen Lettern im Logo machen die Marke unverwechselbar.

Im Stockwerk über Geschäft und Café wachen im Marzipansalon zwölf Skulpturen aus Marzipan mit süßem Blick über einen Infofilm, alte Werkzeuge und die Model genannten Formen für dreidimensionale Kreationen. Auf einer Karte der Altstadtinsel sind die Adressen der Marzipanfabrikanten um 1808 verzeichnet: Es gab damals 135 Hersteller. Erschwinglich wurde die Leckerei erst für weniger Betuchte, als raffinierter Zucker aus Zuckerrüben gewonnen werden konnte. Bis 1714 war nur Apothekern die Herstellung vorbehalten. Sie ließen sich Marzipan, dem die heilsamen Kräfte einer stärkenden Arznei zugesprochen wurden, fürstlich bezahlen. Fans sind sich sicher: Heilsam wirkt das edle Brot immer noch.

● Café Niederegger, Breite Straße 89, 23552 Lübeck, Tel. (04 51) 5 30 11 27
www.niederegger.de
● ÖPNV: Diverse Buslinien, Haltestelle Kohlmarkt

Berühmt & beeindruckend

5

Das Holstentor – Wahrzeichen der Hansestadt

Das Holstentor macht Eindruck auf den ersten Blick. Wehrhaft wuchtig wölben sich die Türme Richtung Westen. Fein heben sich in den Mauern unter den Kegeldächern umlaufende Bänder aus Terrakotten und glasierten Steinen ab. Am Holstentor Lübeck kennenzulernen, ist ein würdiger Einstieg in die Geschichte der Königin der Hanse.

Bei Sonnenuntergang ist das Tor am schönsten. Die Steine glühen im Licht rot wie Feuer. Zwischen den Bronzelöwen die Treppe hinab zum Holstentorplatz dem Tor entgegenzuschreiten, wird zum atemberaubenden Erlebnis. Die Silhouette der sieben Türme auf der Altstadtinsel zeichnet sich markant am Himmel ab, die Treppengiebel der Salzspeicher lugen rechts vom Tor hervor. Fantastisch, wie es Ratsbaumeister Hinrich Helmstede in seinem Entwurf gelang, zwei Funktionen im Backsteingotik-Bau zu verbinden: Einschüchterung der Feinde und gediegener Empfang willkommener Gäste. „Concordia domi foris pax", „Eintracht drinnen, außen Friede" der Leitsatz glänzt als Motto golden am Tor. Richtung Stadt gewendet ist über dem Falltor mit den massigen Zähnen „Senatus populusque lubecensis" zu lesen, „Senat und Volk Lübecks".

TIPP

Im Holstentor erzählt ein Museum die Stadtgeschichte.

1464 wurde mit dem Bau des damals zweiten von vier Befestigungstoren an der Westseite der Stadt begonnen. Modelle der drei weiteren Tore sind an der Puppenbrücke, am Holstentorplatz und am Eingang der Holstenstraße unter Glaskästen zu sehen. Alle sollten die Stadt vor Überfällen schützen. Von der Wallstraße aus ist die Neigung des Nordturms gut zu erkennen. Erklärungsversuche für die Schräglage gibt es viele. Das Mauergewicht der Türme ist nicht ausbalanciert: Auf der Verteidigungsseite sind die Wände wehrhafte 3,50 Meter dick, zur Stadt hin deutlich dünner und leichter. Die Belastung des Turms durch den absackenden Mittelteil des Tors wird als weitere mögliche Ursache fürs Kippen genannt. Der Turm wurde schon während der 14 Jahre langen Bauphase und auch in den Jahrhunderten danach mehrfach stabilisiert.

⬤ Holstentor, Holstentorplatz, 23552 Lübeck
⬤ ÖPNV: Bus 1-7, 9-11, 15-17, 21, 30-32, 39, 40, Haltestelle Holstentorplatz

Am Kellenhusener Forst

6 Die Wasserstandseiche und der Hof Klostersee

600 Hektar rauschender Wald, für Abenteurer unendliche Weiten, liegen wie ein schützendes Band um das Dorf Kellenhusen. Am Rand der Baumwelt führt ein Weg von der Bäderstraße in Grönwohldshorst zu der uralten Sturmflut-Eiche mit einer Wasserstandsmarkierung. Kilometer vom Meer entfernt, erinnert sie daran, wie weit 1872 das Wasser ins Land spülte. Als einer der letzten Baumriesen trotzt die große Eiche den Stürmen, die viele ihrer uralten Weggefährten bereits umrissen oder entwurzelten.

Der Weg in den Kellenhusener Forst – der größten zusammenhängenden Waldfläche an der Ostseeküste Schleswig-Holsteins – beginnt an der Bäderstraße direkt neben der Haltestelle Kroneiche. Zuerst geht es in den asphaltierten Kroneichenweg. Schwenkt die Straße nach links, halten wir uns auf einem breiten Kiesweg weiter geradeaus. Nach ein paar hundert Metern weist unübersehbar ein gravierter Findling am rechten Wegrand auf die Wasserstandseiche hin. Efeu hat sich von den Wurzeln bis zur leicht verwitterten Markierung gerankt.

Der Umfang des Riesen ist enorm. Vier Menschen werden wohl gebraucht, um den Stamm zu umfassen, wetten? Könnte der Alte erzählen, würde er mit dem niedrigen Wasserstand vor der Nacht zum 13. November 1872 beginnen. Tage vor der Flut hatte ein Sturm aus Südost das Ostseewasser in Richtung Finnland geschoben. Dann drehte der Wind auf Nordost und schwoll zum Orkan. Mit Macht trieb er die Wogen zurück nach Süden. Heute halten im nahen Lensterstrand zum Glück Deiche Sturmfluten im Zaum.

Der schmalere Waldweg, der bei der alten Eiche für Fußgänger und Radfahrer abzweigt, führt geradeaus bis zu einer Kreuzung, an der es nach links zum Hof Klostersee geht. Hier steht das zweite Naturdenkmal. Beim malerischen Eichenexemplar mit den weit ausladenden Ästen ist ein guter Hofladen mit eigener Käserei und Demeter-Produkten zu finden. Das Hofcafé bietet selbstgebackenen Kuchen an.

....

● Wasserstandseiche im Kellenhusener Forst und Hof Klostersee, Klostersee 1, 23743 Cismar, Tel. (0 43 66) 5 17, www.klostersee.org
● ÖPNV: Bus 550, 5600, 5651, 5800, Haltestelle Kroneiche, Grönwohldshorst

Selbstgemachtes bei Klüvers

 7

Im Brauhaus am Hafen

Für das Betriebsgeheimnis bei Klüvers reicht ein Wort: Selbstgemacht. Von der Remoulade für die Fischfrikadelle über Fleischspezialitäten bis zum Craft Beer – bei Klüvers schmeckt es immer genauso, wie die Familie es liebt. Auf der Brauhausterrasse mundet ein Fischbrötchen aus dem Handverkauf am besten. Frischer Wind mischt delikat Seearomen zu Salat, Sauce und Fisch. Das Hafenwasser wirft – als Extrabeilage zum Glück – Sonnenglitzer auf den Pier. Und mit jedem Bissen verschwindet das Dauerbrummen von der nahen Autobrücke, der Herzschlagader der Stadt, weiter in die Ferne. Eine Möwe trippelt mit gerecktem Schnabel auf der Mole. Exakt am letzten Restauranttisch wendet sie und läuft zurück. Frans Ijben, Vertriebsleiter bei Klüvers, kennt die Krümelpatrouille. „Sie bleibt immer außerhalb des Restaurants, auf der Hafenseite."

In der alten Fischhalle, die Olaf Klüver ab 2000 zum Brauhaus umbaute, duftet es nach Malz. Hinter Galionsfiguren stehen zwei riesige Kupferkessel. Ein Braumeister tippt die Kühltemperatur in einen Touchscreen. 2 Meter entfernt von den Restauranttischen entstehen also im großen Schankraum Klüvers Biere? Ijben befüllt die romantische Idee vom kleinen Handwerksbetrieb mit einem guten Schuss Unternehmergeist: Die Firma wächst ständig. In Gleschendorf wird inzwischen der Löwenanteil der Biere produziert und abgefüllt.

Kleinformatig war die Geschichte der Firmengründer nur zu Beginn. Jutta und Johann Detlev Klüver begannen 1973 mit einem mobilen Fischhandel. Er tourte mit einem Ford Transit auf die Dörfer und verkaufte Fisch vom Kieler Großmarkt. Das Paar wagte seitdem immer Neues. Ein Geschäft am Hafen in Niendorf mit Fischräucherei zogen sie auf. Delikatessen in Weckgläsern werden inzwischen über die Klüvers Manufaktur landesweit vertrieben. 2004 wurde das erste selbst gebraute Bier gezapft. Olaf Klüver führt in zweiter Generation das Unternehmen mit Mut zum Experiment weiter. Eine Sorte seines Weizensafts schmeckt, als Hommage an die See, nach Algen.

....

● Klüvers Brauhaus, Schiffbrücke 2–4, 23730 Neustadt in Holstein,
Tel. (0 45 61) 71 48 11, www.kluevers.com
● ÖPNV: RB und Bus 5801, 5802, 5803, 5804, 5518, 5970, Flixbus,
Haltestelle ZOB/Bahnhof Neustadt

Das Gold im Sand

8

Bernstein am Ostseestrand

Weht der Wind aus Ost, beginnen die Augen von Peter Sorge heller zu leuchten. Dann tragen die Wogen der Ostsee an den Strand, was der Schatzsucher am meisten liebt: Bernstein. Tausende der edlen Steine hat der Sammler am Meeressaum und auf Reisen in der ganzen Welt entdeckt. Im Braunkohlerevier bei Bitterfeld und in Gebirgen in Südamerika war der Abenteurer unterwegs. Zeigt er bei Vorträgen seine Kostbarkeiten, sind die Gäste sprachlos. Bernstein, groß wie eine Männerfaust, leuchtend elfenbein- oder karamellfarben, gelb, rot, braun oder honiggelb durchsichtig mit eingeschlossenen Insektenkörpern – Peter Sorges Sammlung ist atemberaubend. „Eigentlich ist Bernstein ein Millionen Jahre altes, fossiles Baumharz", erzählt Mann, dem sein Kennerblick den Ehrentitel „Bernstein-König" eingebracht hat. Wo andere nur graue Felsen sehen, erahnt der Sammler unter den rauen Krustenschichten die wertvollen Riesen der Rohbernsteine.

TIPP

Seetang ist ein guter Bernsteinfänger!

Ganz allein einen Schatz zu entdecken und in Händen zu halten, ist einfach großartig, Sorge hat das in 40 Jahren immer wieder erlebt. „Das ist pures Glück." Der Sammler teilt seine Findegeheimnisse gern: Gute Bernsteinstrände in der Lübecker Bucht sind in Travemünde und in Großenbrode. Die meisten Bernsteine sind direkt nach einem Wintersturm mit auflandigem Wind zu finden. Bernstein liegt oft bei altem, angeschwemmtem Holz. „Beide Materialien sind gleich schwer." Zwei Erkennungstests: Bernsteine schwimmen in einem Glas Wasser, in dem drei Esslöffel Salz aufgelöst wurden. Und er brennt wegen der ätherischen Öle im Harz mit aromatischem Duft. Der Name Bernstein kommt von mittelniederdeutschen „bernen", das heißt „brennen". Fundsteine bis zum Test unbedingt in einer Extratüte verwahren, nicht in Jacken- oder Hosentaschen stecken. Bernstein kann mit selbstentzündlichen Phosphorstücken verwechselt werden. Beide haben ähnliche Farben. Mit diesem Wissen kann's losgehen: Einfach beim Spazierengehen den Blick schweifen lassen und nach einem Fund das Glück fühlen, einen Schatz selbst zu entdecken.

....

● Bernstein am Strand von Travemünde
● ÖPNV: RB, Strandbus 30, 40, Haltestelle Strandbahnhof Travemünde

Der nahbare Nobelpreisträger

9

Im Günter Grass-Haus

„Bin ich nun Schreiber oder Zeichner?", fragte Günter Grass bei der Eröffnung des Günter Grass-Hauses. Die beziehungsreich inszenierten Exponate geben sogar eine noch umfassendere Antwort: Der Literaturnobelpreisträger wird auch als Maler und Bildhauer, gesellschaftspolitischer Aktivist und Wahl-Lübecker vorgestellt. Zeichnungen, Lithografien, Skizzen zu seinen Texten und Briefe geben einen Überblick über Grass' Oeuvre. Skulpturen mit kraftvoller Formsprache prägen den Garten. Im Entree schweben Bücher im Dauerflug als Schwarm geistvoller Gedanken über den Köpfen der Besucher. In jedem Raum werden die Facetten des 1927 in Danzig geborenen Künstlers gebührend gewürdigt. Und doch hatte der Leiter des Günter Grass-Hauses, Jörg-Philipp Thomsa, eine grandiose Glücksidee für Familien. Er baute eine zweite Ausstellungsebene für Kinder ein. – Das Ausstellungskonzept Thomsas erlaubt Nähe statt Distanz zum Nachkriegsautor. Anfassen und Ausprobieren sind erlaubt. Die Kindertour beginnt über dem Wickeltisch. „Da fehlte etwas", stellte der junge Vater fest. Ein Mobile aus weiß-roten Blechtrommeln dreht sich inzwischen dort als Unikat.

In den Türen der Garderobenschränkchen geht die Entdeckungsreise mit Städtenamen weiter, die Lebensstationen von Grass benennen. Über einem Türrahmen kriecht eine gemalte Ratte, ein Zitat des Grass-Buchtitels „Die Rättin". „Das Nagetier malte die Autorin Cornelia Funke." In einer Regalwand bieten sich unten eine echte Blechtrommel und eine Schreibmaschine zum Ausprobieren an. Weiter oben stehen Lesebände zum Blättern für Erwachsene.

Neben einem Video, das Grass beim Herstellen einer Tonplastik zeigt, warten zwei Kaufmannsläden auf Spielfreudige. Die Zitate aus dem Roman und dem Film „Die Blechtrommel" sind mit Früchten aus Holz, Waschpulverschachteln und Kassen aufgebaut. Künstler mit Doppelbegabung werden im Haus regelmäßig in wechselnden Schauen vorgestellt. Und irgendwie passt Thomsa sehr gut selbst in die Reihe.

TIPP

Besuch im Restaurant Blechtrommel in der Glockengießerstraße. Manchmal gibt es Livemusik.

··

● Günter Grass-Haus, Forum für Literatur und Bildende Kunst, Glockengießerstraße 21, 23552 Lübeck, Tel. (04 51) 1 22 42 30
www.grass-haus.de
● ÖPNV: Bus 4, 10, 11, 21, 31, 32, 39, Haltestelle Katharineum

Röstaromen an der See

10 Tork's Kaffeerösterei in Grömitz

Vom Strand direkt in die eigene Kafferösterei schlendern – diesen Traum erfüllte sich Thorsten Mücke mit Tork's Café. 2004 schwebten erstmals die Duftwolken frisch gerösteter Kaffeebohnen durch den Laden an der Promenade. Seine Bohnenkaffees aus eigener Herstellung wurden mehrfach ausgezeichnet. Das Herzstück von Mückes Produktion hat ihren Platz mitten im Café: Die Röstmaschine mit der gusseisernen Trommel steht zwischen den Tischen. „Das Gusseisen speichert lange die Wärme", erzählt Mücke und streicht der Wuchtbrumme über den schwarzen Leib. Aus einem der bunt bedruckten Jutesäcke, die mitten im Laden stehen, schaufelt der Hüne beige-grünliche, rohe Kaffeebohnen in die Trommel. 15 Kilogramm kann er auf einen Schlag rösten. Für die richtige Hitze braucht Mücke Fingerspitzengefühl: Von der Restfeuchtigkeit und der Härte der Bohnensorte hängt die benötigte Wärme ab. Bei rund 197 Grad Celsius entsteht Filterkaffee, bei 208 bis 214 Grad Espresso. 14 bis 17 Minuten rotiert die Trommel beim Veredelungsprozess. Die verführerischen Aromen der trocknenden Bohnen ziehen in die Nase.

Den Rohkaffee holt der Kaffeexperte persönlich im Großhandel in Hamburg. „Da habe ich das Rösten gelernt." Wie Wein sei aufgebrühter Kaffee, schwärmt Mücke: Jeder habe einen Körper mit unverwechselbaren Aromen und Säuren. Aus Bohnen aus Costa Rica, Kolumbien, Mexiko, Äthiopien, Indien und Sumatra stellt der Röstfachmann die Basis für exquisite Trinkerlebnisse her. Absoluter Bestseller ist die vom Kaffee-Sommelier selbst gemischte Marke „Grömitz". Mücke, der eigentlich Konditor gelernt hat und Surflehrer in Australien war, röstet jeden Tag, insgesamt 18.000 Kilogramm im Jahr, in der einzigen Kaffeerösterei der Lübecker Bucht. „Bei Ihnen schmeckt es besser als zu Hause", hört der Kaffeefachmann oft von Stammkunden. Das richtige Aufbrühen des gemahlenen Pulvers ist eine Wissenschaft für sich: 50 Prozent der Kaffeequalität in der Tasse hängt am Verfahren. „Im Café haben wir 100 Prozent Kontrolle über jeden Herstellungsschritt."

● Tork's Coffee, Kurpromenade 8, 23743 Grömitz, Tel. (0 45 62) 26 77 84
www.torkscoffee.de
● ÖPNV: Bus 5800, 5820, 5600, 5601, Haltestelle Strand/Wellenbad, Grömitz

Im Marmeladenland

11 Werksverkauf in Bad Schwartau

„Hier geht's ins Schlaraffenland" – das könnte gut über dem Eingang zum Werksverkauf der Schwartauer Werke stehen. Angesichts des Meers von Marmeladengläsern mit Sorten in jeder Geschmacksrichtung, Dessertsaucen und Müsliriegeln schaltet sofort die Rezeptecke im Küchengedächtnis auf Empfang. Diese riesige Auswahl und diese niedrigen Preise, das ist betörend. Einfach sechs Gläser von der Lieblingssorte mitzunehmen, ist eine Einkaufsvariante. Eine andere, den süßen Verführern in einem geschmackvoll günstigen Großeinkauf zu erliegen.

In den Regalen steckt in jedem Glas der Stoff, aus dem die Genießerträume sind. Knusprige Frühstücksbrötchen mit feinem Himbeergelee ziehen in Gedanken vorüber, ein Blech Weihnachtskekse mit einer Füllung aus Zimt-Pflaumenmus, luftige Baisers mit sattgelben Mangosahnehäubchen, ein Frankfurter Kranz mit einer saftigen Schicht Erdbeerkonfitüre, Rumtörtchen, Crêpes, Muffins, Bagel. Hmmm! Im Schlemmerzentrum sprudeln die Ideen.

Eine Fruchtlandkarte am Eingang zeigt, woher die leckeren Grundstoffe stammen, Erdbeeren kommen zum Großteil aus der Region. „Wir wollen kurze Transportwege, das ist Nachhaltigkeit für uns", erzählt Alice Knöpke von den Schwartauer Werken. Nachhaltigkeit prägt auch die Initiative „bee careful": Das Unternehmen bringt mit Imkern Schülern die Erkenntnis nah: Ohne Biene keine Früchte.

Im Familienunternehmen lebt Innovationsfreude. Die Firmengründer Otto und Paul Fromm stellten 1912 zum ersten Mal Konfitüre in Dosen her. Inzwischen wächst das Sortiment mit verfeinerten Rezepturen. Zur Edelmarke „Mövenpick" kam die cremige „Samt". Der „Pura" geben Fruchtsäfte statt Zucker natürliche Süße. „Schwartau kann auch herzhaft", zeigt Alice Haußer auf die jüngsten Gaumenfreuden: „Gemüseglück" in vier Geschmacksrichtungen. Ewigkeitswert hat das Firmenlogo mit der Silhouette der sieben Türme der Hansestadt Lübeck. Seit 1986 dreht es sich wie ein runder Löffel als Wahrzeichen auf einem 50 Meter hohen Turm beim Werk an der Autobahn A1.

....

● Werksverkauf Schwartauer Werke, Auguststraße gegenüber von Hausnummer 8, 23611 Bad Schwartau, www.schwartau.de
● ÖPNV: Bus 1, 7, 9, 33, 500, Haltestelle Bad Schwartau ZOB

Der Teufel vor der Tür

12

St. Marien – die Kirche für die Bürger

Lieb schaut er aus, der kleine Teufel auf der Bank vor der Marienkirche. Größer kann ein Kontrast kaum sein: Im Rücken der Skulptur von Robert Goerler steht großmächtig die Mutterkirche der Backsteingotik im Ostseeraum. 70 Kirchen wurden nach ihrem Vorbild errichtet. Mit 38,5 Metern Höhe hat die Marienkirche das höchste Backsteingewölbe der Welt. Doch statt der drittgrößten Kirche Deutschlands seine Reverenz zu erweisen, krault sich das Wesen aus Bronze verschmitzt-zufrieden den Bart und schaut in Richtung Wirtshaus.

Zwei Hörnchen und die lange Nase sind blitzeblank gerieben von Tausenden Händen. Es ist einfach zu verlockend, sich – wenn auch nur ganz kurz – zum kleinen Verführer mit den Lachfältchen in den Augenwinkeln zu setzen. Die Bronze erzählt eine der vielen Legenden der 1350 vollendeten Kirche. Er soll mitgebaut haben, der Teufel. Weil er glaubte, dort würde ein Weinhaus entstehen. Als er seinen Irrtum bemerkte, wollte er einen großen Stein auf das Gotteshaus schleudern. Der Gewitztheit eines Handwerkers sei zu verdanken, dass die 139 Meter lange Kirche als steingewordenes Symbol für den Wohlstand und die Macht der Bürger erhalten blieb. Der Handwerker bremste die Wut des teuflischen Gesellen mit dem Vorschlag, nebenan einen Weinausschank zu bauen. Der Teufel nahm die Alternative an. So, ja, das ist sicher kein Märchen, blieb das beeindruckende Gotteshaus erhalten.

Entdeckungstouren führen zu Kunstwerken und zu einer winzigen Steinmaus auf der Rückseite des Hauptaltars. An die Zerstörung der Kirche im Zweiten Weltkrieg im März 1942 erinnern zerborstene Glocken im Südturm. Zum Glockenspiel der blau-goldenen astronomischen Uhr von Paul Behrens laufen um zwölf Uhr mittags kleine Figuren eine Runde.

Orgelkenner geraten über die gigantische mechanische Spieltraktur des Instruments in Verzückung. Bis zu elf Meter lang sind die mehr als 8500 Pfeifen. Führungen gehen über einen der 125 Meter hohen Türme auf die Ebene über dem Mittelschiff.

TIPP

Wer Fotos machen möchte, benötigt eine Erlaubnis.

....

● Kirche St. Marien, Marienkirchhof 1, 23552 Lübeck
www.st-marien-luebeck.de
● ÖPNV: Bus 4, 10, 11, 21, 30, 31, 32, 39, 40, Haltestelle Schüsselbuden

Durch ein Buch flanieren

13

Das Buddenbrookhaus

Ein traumhafter Zauber hüllt Besucher der Beletage in der Mengstraße 4 ein. Wer sich auf das Ausstellungskonzept in zwei Zimmern im Buddenbrookhaus einlässt, gerät in eine fantastische Zwischendimension. Wirklichkeit und Roman verschmelzen zwischen eleganten Möbeln und gelben Seidenvorhängen. Zettel geben Lesehinweise. Exemplare von „Die Buddenbrooks" liegen aus, Besucher rutschen lesend in die Romanwelt. Plötzlich hat man Tony, die Schwester des Senators Thomas Buddenbrook, vor Augen, sieht ihren Galan Herrn Grünlich, die Konsulin und ihren Sohn Christian vor sich. – Hoppla! Der Moment ist surreal.

Literaturnobelpreisträger Thomas Mann – Museumsleiterin Birte Lipinski stellt den großen deutschen Literaten gern auf den Sockel, der ihm und seinem Bruder Heinrich Mann gebührt. Doch für Jugendliche holt die Sachwalterin des deutschen Literaturerbes zum Glück auch eine andere Facette des Schriftstellers ans Licht: Der Freigeist, der die erste Schülerzeitung im alteingesessenen Katharineum herausbrachte, tat sich als Schüler unglaublich schwer. Drei Mal blieb Thomas Mann sitzen. Das macht in Lübeck Schülergenerationen, die keinen Schnitt von 1,0 haben, Mut. „Er war ein Autodidakt." Jura, Medizin, das gesamte Wissen für seine Texte las sich der Schriftsteller später selbst an. „Die Herkunft Lübeck trugen Heinrich und Thomas Mann ein Leben lang in sich", erinnert Birte Lipinski. „Ohne Geburtsstätte kein Weltbürgertum", sagte Heinrich Mann über den Einfluss der Stadt. Doch die unübersehbare Ironie in den Schilderungen des Bruders über die fiktive Kaufmannsfamilie Buddenbrook erzeugte anfangs wenig Zuneigung bei den Hansestädtern. Die Liebe zu den großen Söhnen der Stadt, die während der Zeit des Nationalsozialismus ins Exil gingen, wuchs nur langsam. 1955 wurde Thomas Mann zum Ehrenbürger ernannt, 1965 die Thomas-Mann-Gesellschaft gegründet. Das 1942 zerstörte Haus der Familie Mann wurde 1957 wieder aufgebaut, das 1993 darin eröffnete Literaturmuseum wurde ab 2019 saniert. Für Mann-Fans hat ein Info-Center mit Museumsshop geöffnet, Ausstellungen laufen an Ausweichorten.

● Buddenbrookhaus, Heinrich-und-Thomas-Mann-Zentrum (Mengstraße 4) mit Museumsshop (Markt 15), 23552 Lübeck, Tel. (04 51) 1 22 41 90
www.buddenbrookhaus.de
● ÖPNV: Bus 4, 10, 11, 21, 31, 32, 39, Haltestelle Fleischhauerstraße

Experimente am Wegesrand

Der Wissenschaftspfad in Lübeck

Irgendwann fallen sie jedem Fußgänger in der Innenstadt auf, die glänzenden Elemente aus Edelstahl mit den Griffen, Kurbeln, farbigen Perlen und Objektiven. Auf kleinen Backsteinsockeln sind sie platziert, genau in Augenhöhe für Kinder. Was kann man damit machen? „Nach Herzenslust ausprobieren!", lädt Susanne Kasimir aus der Stabsstelle Wissenschaft der Hansestadt Lübeck ein. Eine Doppel-Hörmuschel an der Kleinen Burgstraße wirkt wie ein Verstärker der rückwärtigen Geräusche, wenn ein Experimentierer seinen Kopf ganz dicht an die Edelstahlschalen schiebt. Nach einem Dreh an der Zentrifuge mit den roten und blauen Perlen bei der Petri-Kirche lässt sich mit Muße studieren, wie sich Teilchen je nach ihrer spezifischen Dichte in einem Kreis weiter nach innen oder außen bewegen. An einem Phonograph vor der Musikschule kann die historische Aufzeichnungstechnik von Schallwellen getestet werden. Ein Abakus, die älteste und auch ohne Strom stets einsatzbereite Rechenmaschine der Welt, steht in der Fußgängerzone in der Breiten Straße für alle Grundrechenarten parat.

Die 2012 installierten Spiel- und Lerngeräte sind schicke Unikate, mit denen gleichzeitig Lübecks Wissenschaftsstandorte vorgestellt und die Neugier für naturwissenschaftliche Phänomene geweckt werden. „Fast alle interaktiven Elemente sind Prototypen, die zuerst für die Stadt entwickelt wurden", erzählt Susanne Kasimir. Die 300.000 Euro für die Möblierung mit den Entdeckerstationen wurden über Drittmittel finanziert. Zehn Stationen des Wissenschaftspfads sind auf der Altstadtinsel zu finden, zehn in den Stadtvierteln. Die Orientierung beim Streifzug in die Wissenschaft wird mit einer Broschüre leichter, die in vier Sprachen in Kästchen an jedem Sockel steckt.

Die Edelstahlelemente sind für Spielernaturen wie gemacht. Sie im Vorübergehen auszuprobieren, macht einfach Spaß. Die Erkenntnis, dass etwa digitale Technik analoge Wurzeln hat, stellt sich nebenbei ein – ganz ohne Physikdiplom. So ein Glück.

⬤ Wissenschaftspfad Lübeck, www.wissen-luebeck.de
⬤ ÖPNV: Bus 3, Haltestelle Hansemuseum

Tony Buddenbrooks Beichte

15 Fiktion und Wirklichkeit in St. Jakobi

„Was ist das ...", hebt Pastor Peter-Cornelius Jansen an und zitiert die ersten Zeilen aus Thomas Manns Roman „Die Buddenbrooks". Fiktion und Wirklichkeit verschwimmen vor dem Familienbeichtstuhl in der Kirche St. Jakobi. Wie ein großer Schrank steht das Gehäuse an einer Wand. Durch Butzenscheiben ist gegenüber der Tür ein royaler Lehnstuhl für den Geistlichen zu sehen. An den Innenwänden entlang ziehen sich unbequem schmale Bänke mit blauem Samtstoff. „Das war der Platz für eine ganze Familie", zeigt Jansen und zitiert weiter, bis die Buchszene lebt. Das Mädchen Tony, Sonntagskleid, gewienerte Schuhe, Schleife im Haar. Herzklopfen. Das Kind steht vor dem Geistlichen und sagt den neuen Katechismus auf. Herzklopfen. Die Familienehre hängt von ihr ab. Fans des Romans des Literaturnobelpreisträgers Mann schlägt angesichts des echten Beichtstuhls das Herz höher.

St. Jakobi wurde 1334 den Seefahrern, Fischern und Pilgern geweiht. Die Backsteinkirche mit der auffälligen Einzeiger-Uhr im Turm liegt an der Pilgerroute von Nordeuropa nach Santiago de Compostela. An Jakobi beginnt der älteste in Deutschland bekannte Kreuzweg. In einer Kapelle stehen Stühle und Liegen zum Ausruhen für Wanderer bereit. Der heilige Jakob ist überall präsent: An zwölf Stellen sind Bilder, Schnitzereien oder Fresken des Pilgers mit der fächerförmigen Muschel und dem Stab zu finden.

Das Wrack eines Rettungsboots der 1957 gesunkenen Dreimastbark Pamir ruht als nationale Gedenkstätte für die zivile Seefahrt in der Kirche. Unter dem Raum wurde eine moderne letzte Ruhestätte geschaffen: Das Columbarium. Jakobi hat moderne Glaswände. Sie trennen einen Raum ab, die Winterkirche. Für Gottesdienstgäste ist genug Platz, das Heizergebnis deutlich besser und die Energiebilanz deutlich günstiger. Akustische Glücksmomente entströmen der Stellwagen-Orgel, die sicher auch Kirchenmusiker, Komponist und Jakobi-Kantor Hugo Distler spielte. Die Pfeifen sind mit martialisch-schönen Sängergesichtern bemalt.

TIPP

Wer auf die Suche nach dem heiligen Jakobus gehen möchte, am Infotresen gibt es dazu einen Handzettel.

● St.-Jakobi-Kirche, Jakobikirchhof 3, 23552 Lübeck, Tel. (04 51) 3 08 01 21
www.st-jakobi-luebeck.de
● ÖPNV: Bus 4, 10, 11, 21, 31, 32, 39, Haltestelle Koberg

Weiße Magie

16 Beim Zaubertheater in der Beckergrube

„Macht mal einen Knoten." Magier Roland Henning hat den Gast Marcel und mich als Assistenten für einen Trick vor den schwarzen Vorhang geholt. Eine leichte Übung, eine Schleife um den Hals des Zauberers zu binden. Die Seile haben wir vorher gründlich gecheckt. Wirken robust wie ein stabiler Seemannstampen. Null Prozent Zauberanteil. „Kräftig ziehen!", weist Henning uns an. Aber was kommt danach? „Was, wenn der Befreiungstrick jetzt grad nicht klappt?", schießt es einem durch den Kopf. Die Seile straffen sich. Zack! Der feste Knoten löst sich vor unseren Augen auf. Der Magierhals ist frei. Uff! Wow! Wie hat er das gemacht? Henning hat die Frage geahnt und lädt im Theater mit den 38 Plätzen zum Blick hinter die Kulissen ein: Beispiel ist das Wiederzusammensetzen eines in Streifen gerissenen Tuchs. Komponenten eines erfolgreichen Tricks, zeigt der Zauberer, seien Vorbereitung, Ablenkung und Austausch des zerrissenen Tuchs durch ein unversehrtes. Den Austausch zeigt er in aller Offenheit, gaaanz langsam. Nicken im Saal. Ja. Genau so funktioniert Zauberei. – Nee. Doch nicht. Es gibt in seinen Händen plötzlich nur zwei ganze Tücher, kein zerrissenes. Verblüffung macht sich breit. Und die Gewissheit: Roland Henning ist ein Meister der Illusion. Er steht nur einen Meter von den Zuschauern entfernt. Immer wieder holt er Assistenten aus dem Publikum. Doch selbst aus Reihe eins ist nicht zu erkennen, wie seine Tricks funktionieren. Jede Minute in der zweistündigen Einmannshow ist ein unterhaltsames Vergnügen. Der Zauberer hat Witz. Seine Magie macht glücklich.

Markenzeichen des Autodidakten, bei dem sich der magische Zirkel der Lübecker Zauberer trifft: Vor Showbeginn krempelt er die Ärmel seines Hemdes bis zum Ellenbogen hoch. „Alle glauben immer, wenn etwas verschwindet, ist es dort. Stimmt nicht." Es ist ein Mix aus Psychologie und Fingerfertigkeit, mit dem er das Publikum in Staunen versetzt. So viel verrät der Profi verschmitzt. „Ich kann nicht wirklich zaubern, ich tu' nur so."

● Zaubertheater Lübeck, Beckergrube 87, 23552 Lübeck, Tel. (04 51) 98 98 87 40
www.zaubertheater-luebeck.de
● ÖPNV: Bus 3, 12, 30, 40, Haltestelle Beckergrube

Löwen am Grömitzer Strand

17

Der Zoo Arche Noah

Wenn Aslan brüllt, dann wackeln bei Ostwind schon mal die Wände der Strandkörbe in Grömitz.

Aslan ist ein Löwe, der mit seiner Schwester Leila im Zoopark Arche Noah lebt. Sein Tierpfleger hat den markerschütternden Ruf des Schönen mit der üppigen Mähne einmal bei der Fütterung drinnen erlebt: „Das Wasser im Eimer wellte sich von den Schallwellen." Wie die Raubkatzen nach Grömitz kommen, kann Birgit Wilhelm aus dem 1976 gegründeten Familienunternehmen einfach erklären. Die einzigen Löwen in ganz Schleswig-Holstein stammen aus einer Beschlagnahmung eines illegalen Tiertransports. Der Zoll am Flughafen München hatte die Raubkatzen mit dem goldenen Fell entdeckt. Platz war im Zollamt nicht wirklich für die Raubkatzengeschwister. Der Dortmunder Zoo nahm sie auf, bevor Tierparkleiter Ingo Wilhelm die Geschwister an die Ostsee holte.

TIPP

Bei einer Fütterungstour erzählen die Tierpfleger ihre schönsten Geschichten.

Wer Traute hat, schiebt im Zoo die Türen zu den Freigehegen auf dem 10 Hektar großen Gelände auf und geht zu den Exoten. So einladend flauschig Aslans dichte Mähne auch ist, zur Raubkatze darf jedoch keiner. Gitter trennen Besucher und Löwe, der den Ruf der Wildnis beherrscht wie kein anderer. Auch die Kamele mit den großen Samtaugen bleiben unter sich. Lamas auf der Weide lassen dagegen zweibeinige Gäste bis auf Armeslänge heran. Nandus, die Laufvögel mit den braunen Federn, schieben sogar ihre langen Hälse an der Holztür neugierig vorbei, um einen Blick auf Gäste zu erhaschen. Kleine Wallaby-Kängurus wirken gemütlich, wenn sie das Blitzlichtgewitter von Handys einfach auf den Hinterpfoten aussitzen.

Schimpansen können den Zoobesuchern direkt in die Augen sehen, aber sie haben auch Kletter-, Schwing- und Rückzugsmöglichkeiten. Die Anlage wurde vom Bundesverband der Zootierpfleger sogar ausgezeichnet. Richtig zutraulich – und wahrscheinlich für jeden jungen Zoobesucher ein Muss – sind die kleinen Ziegen im Streichelzoo.

● Zoo Arche Noah, Mühlenstraße 32, 23743 Grömitz, Tel. (0 45 62) 56 60
www.zoo-arche-noah.de
● ÖPNV: Bus 550, 557, 5600, 5601, 5800, 5810, Haltestelle Brookgang, Grömitz

Der Geschmack der Ostsee

18

Am Priwallstrand

Geschmacksmemory am Priwallstrand: Kann man die Ostsee am Salzgehalt erkennen? Ja, sagt Naturführerin Ulrike Westphal und träufelt zum Beweis mit einer Pipette Probiertröpfchen aus drei Fläschchen in die Hand und lädt zum Vergleich ein. Die Zunge meldet: Alle salzig. Und: Alle unterschiedlich. Mit der Erinnerung an die milde Tinktur mit Speisesalz, das salzigere Ostseewasser und die bittersalzige Probe aus der Nordsee beginnt die Entdeckungstour. „Der Strand ist jedes Mal anders", sagt die Führerin vom Landschaftspflegeverein Dummersdorfer Ufer und lädt ein, Lieblingsstücke aus dem Sand aufzulesen. Jedem Fundstück schenkt sie bei der zweistündigen Exkursion Aufmerksamkeit. Bei der Bestimmungsrunde wächst das Glücksgefühl mit jeder Erklärung. Der bekannte Badeplatz verwandelt sich in eine Welt voll neuer Schätze.

Weiße Ohrenquallen, lerne ich, sind männlich, orangefarbene weiblich. Gegen das Prickeln der Nesseln von Feuerquallen hat die Lübecker Kräuterkundige einen guten Tipp: Essig hilft. „Ein Fläschchen in die Strandtasche stecken", rät sie.

Am Dünenrand reckt Meersenf büschelweise kleine lila Blüten aus dem Sand. Die Pflanze wird als Dünenschutz gesetzt und hat ein leckeres Geheimnis: Sie ist essbar. Miesmuscheln, die nächsten Fundstücke, sind grandiose Wasserfilter für das Meer. Ein Liter pro Stunde durchströmt jedes Tier. Beim Bestimmen des Alters einfacher Kiesel rät Ulrike Westphal zur Ehrfurcht. Granite und Flintsteine, Wegbegleiter jeder Strandwanderung, sind Milliarden Jahre alt. Auf 70 Millionen Jahre bringen es die Donnerkeile, Versteinerungen eines vor Urzeiten im Wasser lebenden Kopffüßers. Die Gletscher der Eiszeit schoben die Steine vor 15.000 Jahren aus dem Norden an die Küsten des heutigen Schleswig-Holstein. Steine mit einem natürlichen Loch sind ganz besondere Funde. In Steinketten kamen sie früher an Hühnerställen als Fuchsabschrecker zu Ehren. Das Reibegeräusch der „Hühnergötter" bei Wind vertrieb Räuber. Und eine Portion Strandmagie wohl auch.

TIPP

Der Zugang zum Strand ist über den Kolonnenweg zu erreichen, dann hinter dem ersten Grenzstein links.

● Priwall, www.dummersdorfer-ufer.de
● ÖPNV: Bus 38, 35, Haltestelle Am Wellenschlag

Hanse-Pracht am Markt

19 Das Lübecker Rathaus

In der Nachmittagssonne glänzen die Steine in der Rathausfassade besonders satt und dunkelgrün über den Markt. Jahrhunderte bot das eindrucksvolle Gemäuer der mächtigen Hanse Raum. Liebhaber alter Architektur entdecken im zwischen 1230 und 1308 immer wieder um- und angebauten Rathaus die Baustile Romanik, Gotik und Renaissance. Der Audienzsaal im Erdgeschoss hat das Zeug zum Glücksort. Lichtdurchflutet, hell und freundlich empfängt der Saal seine Besucher. Der Kontrast zwischen dem Dunkel der neugotischen Eingangshalle und ihren grün-schwarz glasierten Ziegeln an Wänden, Deckenbögen und Säulen ist enorm. Abends strömt von zwei opulenten Kronleuchtern, tags durch eine Fensterreihe Helligkeit in den Saal. Goldene Bilderrahmen und Wandornamente glänzen gediegen. Allegorische Gemälde leuchten in lieblichen Farben an den mit Stuck und gemaltem Marmor kunstvoll gestalteten Wänden. Der Künstler Stefano Torelli schuf die Bilder, die Tugenden wie Klugheit, Vorsicht und Mäßigung zeigen. Er führte den Regierenden und dem dort tagenden Obergericht bei ihren Sitzungen bildlich vor Augen, stets mit Umsicht zum Wohle der Stadt und ihrer Bürger zu handeln. Die besonders üppig mit Gold verzierten roten Plüschsofas aus der Rokokozeit sehen sehr bequem aus, sie waren jedoch den Bürgermeistern vorbehalten. Zwei fast unsichtbare Tapetentüren an der Stirnseite des Saals machen neugierig. Dahinter verborgen führte eine verschwiegene Treppe als Fluchtweg nach oben – oder nach unten, in den Keller. Dort lagerten Weinfässer. Ein trutzig dicker Bilegger, ein Beilegerofen, erinnert an gar nicht so ferne Zeiten. Der Raumerwärmer aus Gusseisen stammt aus Quint bei Trier. 1755 wurde der wuchtige Graue installiert. Bis 1963 war er die einzige Heizmöglichkeit im Raum.

Bei Führungen durch das geschichtsträchtige Haus wird immer auch der Saal gezeigt, in dem heute Stadtpolitik gemacht wird. Die Ratsfrauen und -herren arbeiten aber in deutlich schlichterer Umgebung.

....

● Rathaus, Breite Straße 62, 23552 Lübeck
● ÖPNV: Bus 1, 2, 4, 5, 6, 7, 15, 16, Haltestelle Kohlmarkt

Eine Nacht auf der Passat

20 Die Viermastbark in Travemünde

Der Wellenschlag der Trave wiegt Gäste in den Kojen der Viermastbark Passat in den Schlaf. 1957 machte das 115 Meter lange Segelschiff für immer an der Mole des Priwalls fest. Statt Fracht sind im schwarzen Bauch des Stahlrumpfs heute Übernachtungsmöglichkeiten, Ausstellungs- und Veranstaltungsräume untergebracht. Durch ein Gewirr von Gängen geht es zu 104 Kojen mittschiffs und achtern. Seefahrerromantik wird in den ehemaligen Kajüten des ersten Offiziers und des Kapitäns wach. Bullaugen und mit Schiffslack gestrichene Holzwände und Tische atmen das Flair des alten Frachtseglers, dick gepolsterte Lederfauteuils machen eine Suite mit Küche und Bad wohnlich. Das besondere Gefühl, an Bord des großen Segelschiffs zu logieren, buchen durchschnittlich 6000 Gäste im Jahr. Ein Rundgang durch die Ausstellung nährt die Fantasie. Wem beim Ausstrecken in der Koje die Geschichte des Schiffs im Kopf herumgeht, das nur mit Windkraft angetrieben über die Weltmeere fuhr, geht auf große Fahrt. Im Traum wird die Mole am Horizont immer kleiner, die Möwen bleiben zurück. Der Kapitän bestimmt an Deck mit einem Spiegelsextanten den Kurs und die Position per Hand. Der Wind bläht die getrimmten Segel, Gischt sprüht, wenn der Bug durch die grünen Wogen pflügt. Rasante 18 Knoten schnell war die Passat dank 4600 Quadratmeter Segelfläche und 56 Meter hoher Masten. 20 Matrosen wurden gebraucht, um ein Segel zu schleppen.

Nach dem Stapellauf des Frachtsegelschiffs 1911 bei der Hamburger Werft Blohm und Voss besegelte die Passat bis 1957 die Weltmeere. Allein 39 Mal umrundete sie das berüchtigte Kap Hoorn. – Um die Südspitze Südamerikas dauerte der längste Törn eines Segelschiffs 99 Tage. Zum Schluss war der letzte fahrtüchtige Frachtsegler als Schulschiff unter Segeln. Seit 1978 steht das Wahrzeichen Travemündes unter Denkmalschutz. Rund 350.000 Euro investiert die Stadt Lübeck jedes Jahr, um das einzigartige Erbe zu erhalten. Der Förderverein „Rettet die Passat" unterstützt die große Idee.

● Passat, Priwallpromenade 3 a, 23570 Lübeck, Tel. (04 51) 1 22 52 20
www.passat.luebeck.de
● ÖPNV: Bus 38, Haltestelle Passathafen; Bus 30, 31, 35, 38,
Haltestelle Travemünde Priwallfähre

Entschleunigen mit Sorbet

21 ## Im Eiscafé von Familie Steffens

„Probieren Sie das mal!" Dörte Steffens hat einen Teller voll daumen-
großer Eiskugeln vor den Gast im Hofcafé gestellt. Erwartungsvoll
sind ihre blauen Augen aufs Gesicht des Testessers gerichtet. Der erste
Löffel Erdbeersorbet löst auf der Zunge eine Geschmacksexplosion
aus. Die Augen weiten sich vor Überraschung, es schmeckt einfach so
100-prozentig intensiv fruchtig nach Erdbeere, das es kaum zu glauben
ist. Dörte Steffens lächelt zufrieden. So sehen glückliche Gäste aus.

2011 begannen Dörte und Mike Steffens, Eis aus der Milch ihrer Kühe
herzustellen. Die Rezepte überzeugen durch Purismus: Keine künstli-
chen Aroma- und Farbstoffe, keine Konservierungsmittel. Dafür werden natürliche Zutaten in Milcheis und Sorbets vermengt. „Die Idee
ist nicht von uns, sondern von einem Bauernhofeis-Hersteller aus den
Niederlanden." Im Winter ist Experimentierzeit. Dann entstehen
Sorten wie das duftende Lavendel-Vanille, Altbier-Sorbet oder
Eis mit Aalaroma. 100 Geschmacksrichtungen können sie herstellen. Das spritzig wie Sekt mundende Gurkeneis ist sogar
fruktosefrei. „Bei uns kann man entschleunigen", sagt Dörte
Steffens. Von schattigen Tischen hinter dem Hof geht der Blick
weit ins Land und lässt den Gedanken Platz zum Spazierengehen. Für Kinder hat ihr Mann Mike eine Bobby-Car-Rennbahn gebaut.
Und jeder Gast darf sich beim Bestellen Zeit beim Aussuchen nehmen,
betont Dörte Steffens. Auch, wenn der Laden brummt.

Das Eis der Steffens ist für seine Qualität bekannt. Sie könnten den
Betrieb ausbauen und an Großabnehmer liefern. Die Nachfrage ist da.
Doch genau das wollen die Steffens nicht, Vergrößern bis zur Unper-
sönlichkeit. Die Kunden sind gute Freunde. Im Sommer, wenn die
Steffens vor lauter Arbeit nicht mehr zum Ausliefern kommen, zeigt
sich, wie ungewöhnlich tief die Verbindung ist: Die Geschäftsinhaber
holen sich ihre Ware selbst ab, wenn die Eishersteller darum bitten. Es
ist familiär im Betrieb. Und das soll so bleiben, sagt Dörte Steffens.
Die Begegnung mit den Menschen ist das, was für sie zählt.

TIPP

Eine Verkostung
der fantastischen
Sortenvielfalt
mitmachen.
Es lohnt sich!

● Bauernhof-Eis Steffens, Langendamm 3, 23623 Ahrensbök, Tel. (0 45 25) 5 01 99 97
www.bauernhofeis-steffens.de
● ÖPNV: Bus 507, 510, 512, 513, 5910, 5912, 5940, Haltestelle Trift, Ahrensbök

600 Jahre Seefahrerromantik

22

Guten Appetit in der Schiffergesellschaft

Eine Armada aus Koggen und Klippern, Dampfern und Seglern bereist in der Schiffergesellschaft den Himmel über den Tischen des Restaurants. Der Blick zu den Modellen lohnt sich: Es wirkt, als ob man bei Neptun zu Besuch vom Meeresgrund zu weit entfernten Rümpfen vorüberziehender Schiffe hochschaut. Das Glücksmoment für Lübecks älteste Gaststätte kann der Vorsitzende der Schiffergesellschaft genau benennen: „Das war 1868, als die Schifferbrüder entschieden, ihr Versammlungshaus als Gaststätte zu öffnen." Zur Hilfe und zum Trost der lebenden und toten Seefahrer und all derer, die ihren ehrlichen Unterhalt in der Seefahrt suchen, wurde die Schiffergesellschaft 1401 als Nikolaus-Bruderschaft, einer Art Berufsgenossenschaft, gegründet. Die Schiffergesellschaft nahm über Jahrhunderte Einfluss auf Handel und Politik. Bis 1866 hatte ihr die Stadt hoheitliche Aufgaben übertragen. Pässe für Seeleute wurden ausgestellt, das Besatzungsregister geführt, Streitfälle geschlichtet. Sie stellte die Hafenwache, den Zöllner und Gutachter bei Havarien. Die sozial engagierten Schifferbrüder vergeben bis heute im Schiffergang 14 Wohnungen mietfrei an bedürftige Seefahrerwitwen. Als Lübeck jedoch 1866 die Gewerbefreiheit einführte, endete für Kapitäne und Bootsleute die Zwangsmitgliedschaft. Die für den Erhalt des Hauses verwendeten Mitgliedsbeiträge wurden knapp. Zweimal stemmte sich der Vorsitzende Joachim Hinrich Wenditz gegen den Verkauf des heute rund 800 Jahre alten Hauses. In dritter Abstimmung riss er das Ruder herum.

Seitdem tafeln an den langen Bänken und Tischen, den Gelagen, an denen einst Cap-Hoorn-, Bergen- und Rigafahrer speisten, Restaurantgäste und genießen die einzigartige Aura. Im schummrigen Licht schimmern Vorderlader aus der Zeit, als Piraten Handelsschiffe kaperten. Wie in einem Schiffsbauch sitzt man zwischen der teerfarbenen Wandvertäfelung von 1537. Kuriose Fundstücke wie ein um 1607 am Kattegat aufgefischtes Eskimo-Kajak aus Seehundhaut erzählen Geschichten vom Meer.

....

● Schiffergesellschaft, Breite Straße 2, 23552 Lübeck, Tel. (04 51) 7 67 76
www.schiffergesellschaft.de
● ÖPNV: Bus 4, 10, 11, 21, 30, 31, 32, 39, Haltestelle Koberg

Zu Gast bei Herbert Frahm

23 Das Willy-Brandt-Haus

Im Willy-Brandt-Haus lässt sich Demokratie im wahrsten Sinne des Wortes „be-sitzen". Ein leuchtend roter Sitzwürfel mit dem Schriftzug „Demokratie" im Herzen der Ausstellung eignet sich bestens als griffiger Startpunkt, um den Friedensnobelpreisträger und Ehrenbürger der Stadt kennenzulernen. Freier Journalist, Widerstandskämpfer im Exil, Sozialdemokrat, Bundeskanzler, Staatsmann von Welt – die Stationen im Leben von Willy Brandt, der 1913 in Lübeck als Herbert Ernst Karl Frahm geboren wurde, machen deutlich: Brandt setzte sich zeitlebens mit enormer Energie für die Demokratie in seinem Heimatland ein. „Er hat andere durch seine Person elektrisiert", ist sich Bettina Greiner, Kuratorin der überparteilichen Willy-Brandt-Stiftung, sicher. Mit seinem Kniefall vor dem Ghetto-Ehrenmal in Warschau veränderte der Bundeskanzler das politische Klima. Die symbolische Geste der Reue ging 1970 wohl um die ganze Welt. Die Stiftung inszeniert das Bild von damals überlebensgroß. „Brandt war der erste Medienkanzler", schätzt Bettina Greiner. Er ließ sich auf eine private Homestory ein. Ein Bild aus der Jugend lässt den späteren Medienprofi erkennen: Mit lässig übergeschlagenem Bein posiert er für den Fotografen selbstbewusst auf einer Bank an der Trave. Den eleganten Altbau, in dem auf 340 Quadratmeter Fläche Brandts politische Leistungen gewürdigt werden, betrat Brandt selbst wohl nie. Er wuchs im Viertel St. Lorenz auf. Mit 17 Jahren trat der Gymnasiast in die SPD ein und wurde acht Jahre später wegen seiner politischen Überzeugung als Regimegegner ausgebürgert. Handfestes Lehrmaterial über Diktaturen sind die Briefe, die Brandt mit unsichtbarer Tinte aus dem Exil schrieb, um unentdeckt zu bleiben. Der Aufwand macht klar, wie groß in der Zeit des Nationalsozialismus für Regimegegner die Gefahr der Verfolgung war. Wie groß dagegen ist heute das Glück, in einem Land zu leben, in dem geheimes Wahlrecht gilt und jeder seine Meinung sagen darf – in der Ausstellung verlockt der Nachbau des Bundestagsrednerpults dazu.

TIPP

Im Garten, über den das Günter-Grass-Haus zu erreichen ist, steht ein Stück der Berliner Mauer.

● Willy-Brandt-Haus Lübeck, Königstraße 21, 23552 Lübeck, Tel. (04 51) 12 24 25-0
www.willy-brandt.de
● ÖPNV: Bus 4, 10, 11, 21, 31, 32, 39, Haltestelle Katharineum

Das Elixier der Hanse

 24 Lübecker Rotspon im Nordischen Weinhaus

Beim Erkennen der besonderen Qualität des Rotspons, der seit den Tagen der Hanse in Lübeck getrunken wird, haben die weinerprobten Geschmacksnerven von Franzosen einen entscheidenden Anteil. Napoleon hatte 1806 die Stadt besetzt, seine Männer tranken Wein aus Lübecks Kellern – und waren verblüfft, dass der französische Tropfen an der Trave deutlich besser mundete als in ihrer Heimat. Man begab sich auf Ursachenforschung und stellte fest, dass die hochwertigen Transportfässer der Hansehändler und das maritime Klima dem Roten beim Reifen im Lager Milde verliehen. Der durch die Lagerung veredelte Wein bekam seinen niederdeutschen Namen vom Fass: Spon steht für Span und meint das Holz, das sich durch Traubensaft rot verfärbt.

Der Weinhandel begann im 14. Jahrhundert in Lübeck. Rotspon war in den ersten Jahren nur Beifracht für Salz, das zum Haltbarmachen von Lebensmitteln gebraucht wurde. Im 17. Jahrhundert setzte Händler Thomas Fredenhagen neue Maßstäbe. Er ließ die Importware aus Frankreich noch weiter im Barriquefass aus Eiche reifen. Jeder Weinhändler hat bis heute einen eigenen Rotspon, der seinen individuellen Geschmack oft einem Cuvée, einem Verschnitt aus mehreren Sorten, verdankt. Der Rebensaft wird traditionell flaschenweise per Hand abgefüllt. „Nur französischer Wein, der in Lübeck auf Flaschen gezogen wird, ist echter Rotspon", sagt Irene Wenske-Kuchenbrandt vom 1953 gegründeten Nordischen Weinhaus. Im Schoppengarten schenkt sie zwischen Weinreben ihre Variante der Lübecker Spezialität aus. Hochwertige Traubenprodukte aus Bordeaux, von der Rhône oder aus Pomerol können aus dem Glas herausgeschmeckt werden. Die gebürtige Lübeckerin reicht dazu gern eine traditionelle Delikatesse. „Marzipan und Rotspon gehören zusammen." Das saftige Coellmann-Marzipan gibt es mit Rotspongeschmack oder pur pralinenweise in ihrem Feinkosthandel. Auch Gebäck, aromenreiche Käse- und duftende Salamisorten veredeln die Verkostung im eleganten Stadtgarten. Ein kulinarisches Glück, einfach zurücklehnen und genießen!

....

● Nordisches Weinhaus, Fleischhauerstraße 30, 23552 Lübeck, Tel. (04 51) 7 27 60
www.nordischesweinhaus.com
● ÖPNV: Bus 4, 10, 11, 21, 31, 32, 39, Haltestelle Fleischhauerstraße

Mit Luke Skywalker im All

25

Fan-Museum Outpost One in Dassow

Einen Wimpernschlag entfernt von Filmheld Luke Skywalker auf dem Wüstenplaneten Tattoine stehen, Prinzessin Leia zuschauen, wie sie den Androiden R2D2 mit einem Speicherchip füttert – im Museum Outpost One erkennen „Krieg-der-Sterne"-Fans Schlüsselszenen der Kult-Weltraumsaga sofort wieder. Glücksmomente im Dutzend! Besucher können in 30 mit Liebe zum Detail nachgebauten Filmszenen herumlaufen. Sie werden Teil der Filmsets. Können sich mit Luke Skywalker fotografieren, mit dem weisen Jedi Obi-Wan Kenobi, mit dem dunklen Lord Darth Vader. Oder mit seinen Stormtroopern in glänzend weißen Rüstungen.

Imposante Original-Filmmusik macht es beim Rundgang leicht, in die fiktive Welt der hellen und der dunklen Seite der Macht einzutauchen. Audioguides erläutern Szenen und Bautricks.

2019 eröffneten Marc und Kirsten Langrock das Museum mit dem Prädikat „begeisternd lebensecht". Geboren wurde die Idee dazu bei einer Pizza mit Freund Oliver Kolb. Marc und Olli, beide Star-Wars-Fans der ersten Stunde, beschlossen, ihre private Fan-Sammlung in einer ehemals landwirtschaftlich genutzten Halle auszustellen. Das Projekt bekam eine Dynamik, mit der keiner gerechnet hatte. Denn seitdem unterstützen Fans aus aller Welt den Outpost One mit Film-Elementen, mit selbstgenähten Kostümen teils aus Originalstoffen, mit Nachbauten riesiger Reittiere und Weltraumgleiter.

Die Ausstellung wächst stetig. Exponate stammen teils aus dem Drei-D-Drucker, andere sind aus Beton, Fiberglas, Styropor oder lackiertem Stahl. Basis sind Original-Baupläne oder Bilder aus den Filmen, nach denen das Macherteam Bauskizzen entwickelt.

Für die Weltraumgleiter gibt es einen eigenen Hangar. In Cockpits mit Flugsimulator können Fans selbst zu Star-Wars-Piloten werden. Glück für alle, die im Outpost übernachten wollen: Es gibt Ferienwohnungen im Star-Wars-Stil. Am internationalen Star-Wars-Tag am 4. Mai (Englisch: May, the fourth) bevölkern Cosplay-Spieler in Filmkostümen den Outpost One. May the force be with you!

TIPP

Rechtzeitig Tickets online buchen!

....

● Outpost One, Travemünder Weg 20, 23942 Dassow, Tel. (01 52) 02 65 04 81
www.outpost-one.de
● ÖPNV: Nahbus 335, Haltestelle Dassow, Lübecker Straße

Handel, Erfolg & Mythos

26   Das Europäische Hansemuseum

Lautlos gleitet der Glaslift in die Tiefe. Vorbei an den alten Mauern des Burgklosters von 1229 geht es im Europäischen Hansemuseum an einen mythischen Ort an der Newa. Eine Kogge liegt im Dämmerlicht an einem kleinen Steg im Schilf. Fässer stehen auf den Bohlen. Spannend, sich auf das Museumskonzept einzulassen. Die sagenhaft sprechende Kulisse macht Besucher fast zu Augenzeugen einer historischen Szene. Die Gruppe Händler, die sich 1193 vor Nowgorod traf, hat man fast vor Augen. Die Kaufleute aus Soest, Münster, Groningen und Lübeck gründeten einen losen Verbund, um in Nowgorod gemeinsam aufzutreten. Das Treffen an der Newa könnte zur Gründung der Hanse geführt haben, dem über Jahrhunderte einflussreichsten Wirtschafts- und Städteverbund Nordeuropas.

TIPP

Den Blick auf die Trave beim guten Cocktail von der Bar Celona aus genießen.

Auf gut 3500 Quadratmeter Ausstellungsfläche zeigt das Museum mit Exponaten und Infotafeln die Macht des Bundes, seine Erhöhung zum Mythos und die heutigen Wiederbelebungsversuche. Es macht Spaß, in eine Marktszene einzutauchen. Läuft im Kopfhörer ein Feilschhandel, können Brokat- und Leinenstoffe berührt werden. Körbe mit Gemüse, Zitrusfrüchten und Stockfischen zeigen die erstaunliche Vielfalt der Warenwelt. Das interaktive Eintrittsticket funktioniert wie ein Schlüssel zu einer Extraportion Geschichte. Die Karte kann mit Städte-, Warennamen oder Themen aufgeladen werden, die an den Stationen abgerufen werden. – Das Ticket gilt zum Glück den ganzen Tag. Hansefans können es mehrfach aufladen. Leseabenteuer für Kinder ist ein Museumsführer in Romanform. Ein Zeitstrudel wirbelt darin die junge Heldin Lina aus der Gegenwart in die Hansezeit.

Im Museum werden weitere Geschichtsstränge der 1143 gegründeten Stadt Lübeck abgebildet. Lebensgroße Wachsfiguren in schwarzen Mönchskutten und gut erhaltene Räume erinnern an die Zeit der Dominikaner. Dicke Stahltüren und Zellen erzählen von der jüngsten Geschichte, als das Kloster zeitweise als Armenhaus, Gefängnis und Gerichtsgebäude diente.

● Europäisches Hansemuseum, An der Untertrave 1, 23552 Lübeck,
Tel. (04 51) 80 90 99-0, www.hansemuseum.eu
● ÖPNV: Bus 3, Haltestelle Hansemuseum;
Bus 4, 10, 11, 12, 21, 30, 31, 32, 39, 40, Haltestelle Große Burgstraße

Das Original aus Travemünde

27 An Zöllners Fietsche-Fischer-Stand

Eiko Zöllner-Quanz ist in Travemünde für eine Überraschung gut. „Der sieht ja genauso aus wie auf dem Bild", staunen Kurgäste, wenn sie den Mann von der Trave das erste Mal sehen. Verblüfft wandern die Blicke vom Werbeplakat für das „Fietscher Fischer-Bier" zum Original mit der kreisrunden kleinen Brille. Die sturmsicher in die Stirn gedrückte Kapitänsmütze und die Pfeife im Mundwinkel – alles passt. Übereinstimmung zwischen dem Bild und Zöllners Zügen zu entdecken, macht so glücklich wie ein Match im Memory. „Ich sehe aber wirklich so aus", betont der Travemünder dann. „Ich bin das Original." Seine Nachbarn kennen ihn nur so. „Die Kapitänsmütze ist echt", erzählt er und zeigt auf die Nadel einer Hamburger Reederei, die im weichen Cashmere über dem schwarzen Schirm steckt. „Ich habe ein Kapitänspatent und bin früher zur See gefahren." In einer Bierlaune erfand Zöllner, der im Hauptberuf beim Zoll arbeitet, ein Weihnachtsbier für seinen Heimatort. Der Gerstensaft, der nach einem Rezept der alten Lübecker Brauerei Lück hergestellt wurde, brauchte ein griffiges Logo. Zöllner setzte zum Werbeslogan der alten Brauerei „Lück muss man haben" einfach sein Gesicht aufs Etikett. „Fietsche Fischer" erinnert an ein Travemünder Original. Die lokale Marke mundete sofort. Inzwischen bieten Dutzende Supermärkte und Restaurants in Lübeck und Travemünde Fietsche Fischer's Hafenbier in mehreren Geschmacksrichtungen an, dazu Schnäpse, Rum, Souvenirs und einen Marzipantaler von Niederegger.

Am besten schmeckt es aber am Stand, den Zöllner bei Festen in Travemünde aufbaut. Der mobile Verkaufsraum ist ein unverwechselbares Markenzeichen, wie Zöllners Gesicht. Außer ihm hat den so keiner. Er sägte das Deckshaus eines ausrangierten Fischkutters ab und verfrachtete die Holzkabine auf einen Anhänger, rot-weißen Rettungsring inklusive. Durchs Vorderfenster des alten Führerhäuschens werden leckere Brötchen mit selbstgeräuchertem Lachs verkauft. Drinnen ist gerade Platz für einen Mann und ein paar Kühlschränke.

● Fietsche Fischer's Hafenbier, Stand auf regionalen Festivals wie dem Seebadkulturfestival, Drachenfestival, www.beer-brauerei.de

Süße Stränge

In Tanja Ebrechts Bonbon-Manufaktur

„Wasser, Zucker, Glukose, mehr ist es erst mal nicht," beschreibt die Bonbonmacherin Tanja Ebrecht die Masse, die in einem Edelstahltopf auf dem Herd im Geschäft köchelt. Im eingehängten Thermometer wandert die Messsäule bis auf 120 Reaumur. Perfekt.

Sie gießt das flüssige Gemisch auf eine hitzeresistente Silikonmatte. „Bonbonmachen war früher ein Lehrberuf, jetzt ist das Handwerk ausgestorben." Bei einem Zuckerartisten im Bergischen Land lernte die Bremerin die süße Kunst. 2016 zog die Bonbonmacherin aus dem Bremer Umland nach Lübeck. „Ich hab mich in das Lädchen verliebt." Das Geschäft hat figürliche Wandmalereien von 1290, die ältesten Malereien, die in einem Bürgerhaus entdeckt wurden. Die glasklare Masse fließt beim Erzählen Richtung Tischkante. „Nur natürliche Rohstoffe!"

TIPP

In der Königstraße 26 bietet Andreas Schwiederski moderne Kunstpostkarten mit tollen Stadtmotiven an.

sagt Tanja Ebrecht und dosiert mit Pipetten tropfenweise Farbstoff aus Roten Beten und ein natürliches Aromaelixier dazu. Intensiver Fruchtduft breitet sich aus. Der Wunsch erwacht: Oh, jetzt einen Erdbeerbonbon auf die Zunge legen, Süße und Säure erschmecken, genießen, mit allen Papillen erfassen. Jetzt! Doch zum Naschen ist es zu früh. Wie Teig zieht die Handwerkerin die Masse lang, schlägt eine Hälfte des Strangs über die andere, dehnt und legt sie nochmals aufeinander. Weiße Streifen bilden sich beim Zuckerziehen durch winzige Lufteinschlüsse in der Masse. Sie teilt das rotweiße Süße in kleine Portionen, rollt biegsame dünne Stränge, die sie in eine Bonbonstanze legt. Gäste dürfen bei der Bonbonshow helfen. „Können Sie die Tür aufmachen?" Die Türglocke bimmelt, der Kochdunst entweicht. Die Luftfeuchtigkeit muss unter 50 Prozent liegen. „Sonst verklebt die Zuckermasse." Noch ein, zwei kräftige Rucks am Stanzengriff. Endlich klackern die kleinen Erdbeerkissen auf ein Blech. Fertig. Einmalig in der Stadt sind die Bonbons mit Marzipangeschmack. Auch Kreationen wie orangefarbene Lollis in Karottenform und Flaschen mit Bonbonmasse als Basis für Liköre hat Tanja Ebrecht selbst entwickelt.

● Lübecker Bonbon-Manufaktur, Königstraße 28, 23552 Lübeck, Tel. (01 72) 2 61 41 15
www.luebecker-bonbonmanufaktur.de
● ÖPNV: Bus 4, 10, 11, 21, 31, 32, 39, Haltestelle Katharineum

Schnacken wie die Hanseaten

Niederdeutsche Bühne im Stadttheater Lübeck

„Na, mien seuten, wo geit di dat?" Plattschnacker klingen irgendwie immer ein bisschen charmant entspannt, verschmitzt und hintersinnig. Wenn sie von „Schietwetter" vertellen, pelzige Hummeln „Plüschmors" und Moderatoren „Ackerschnacker" taufen. In den Shows der Niederdeutschen Bühne wird die alte Regionalsprache quicklebendig. Platt ist ein Stück Kultur in Norddeutschland. Besünnere Bedeutung in Lübeck: Es war die Amtssprache der Hanse und wurde von Island und England bis in die baltischen Staaten von den Händlern gesprochen. „Ut speel weerd leven, ut leven ward speel", ist der zündende Funke bei Gabriele Meier aus dem NBL-Vorstand und den 40 Ensemblemitgliedern. Die Bühnenillusion wird wahr, wenn man dran glaubt. Gespielt wird in den mit Stuck verzierten Kammerspielen. Krimis und Komödien, Musicals und Goethes „Faust" stellen die ambitionierten Laiendarsteller mit professionellem Hintergrund auf die Beine. „Wir decken im Theater Lübeck die Sparte Volkstheater ab." Vier Stücke im Jahr inszenieren zumeist Profiregisseure des Theaters Lübeck. In den Theaterwerkstätten werden die Bühnenbilder gebaut, Beleuchter setzen die Szenen ins richtige Licht. „Kostüme leihen wir aus dem Theaterfundus", erzählt Gabriele Meier. Sprech- und Atemtechnik trainiert ein Professor von der Musikhochschule mit den Darstellern. Anfänger ohne Sprachkenntnisse lernen zuerst, „ganz sutsche" – also ohne Hast – sich in der Sprache wohlzufühlen. Sie machen in der Volkshochschule Kurse für Wortschatz und Grammatik.

Der Lohn der Laien vor dem „Hartpuckern" bei jeder Premiere sind auch Rückmeldungen des jubelnden Publikums. Gäste aus Schwaben genossen die Sprachmelodie in tiefen Zügen, ohne ein Wort Platt zu können: „Man versteht die Stücke über das Spiel", erzählten sie Gabriele Meier. Plattschnacken macht glücklich und stiftet Identität, zeigt die NBL seit 1919. Und da wundert es nicht, dass 2014 die niederdeutschen Bühnen in ganz Norddeutschland von der UNESCO zum immateriellen Kulturerbe erhoben wurden.

....

● Niederdeutsche Bühne Lübeck, Beckergrube 16, 23552 Lübeck, Tel. (04 51) 39 96 00
www.niederdeutsche-buehne-luebeck.de, www.theaterluebeck.de
● ÖPNV: Bus 4, 10, 11, 12, 21, 30, 31, 32, 39, Haltestelle Stadttheater

Steilküste Brodtener Ufer

30 Zwischen Travemünde und Niendorf

Beständig ist im aktiven Bereich des bis zu 20 Meter hoch aufragenden Kliffs zwischen Travemünde und Niendorf nur eins: die Veränderung. Die 6-Kilometer-Wanderung entlang der Steilküste ist niemals gleich. Pro Jahr rutscht bis zu ein Meter der Steilküste am Brodtener Ufer ab, wenn Niederschläge den Boden aufweichen oder Sturmfluten das Kliff unterhöhlen. Abenteurer nehmen die Route am Strand und klettern zwischen abgerutschten Baumriesen und Geröll. Eine Treppe führt an der Wieskoppel in Brodten bis zum Wassersaum. Sie ist offen, wenn der Strand sicher ist. Gemütlicher ist jedoch ein Spaziergang auf dem breiten Höhenweg. Am östlichen Ende der Promenade in Travemünde geht es bei der Segelschule vorbei am sagenumwobenen „Mövenstein", den Thomas Mann im Roman „Die Buddenbrooks" beschrieb. Wellen glucksen am Betonpfad. Der Weg führt links über einen Parkplatz, in die Straße Helldahl und steigt leicht an. Bäume, Felder und der weite Horizont der Ostsee begleiten Wanderer im Landschafts- und Vogelschutzgebiet. An Aussichtspunkten stehen zum Rasten kunstvolle Bänke von Guillermo Steinbrüggen. Fisch, Eule und Wolf bog der Künstler aus Stahlrohr zu Rückenlehnen. Die Sitzflächen der Travemünder Sessellandschaft sind aus Stein und Holz. Auf Höhe des Ausflugslokals Hermannshöhe sausen Uferschwalben durch die Luft. Vom Rasen vor der Gaststätte sind die Insektenfangzüge und der akrobatische Anflug bis in die Brutröhren gut zu beobachten. Die bis zu 50 Stundenkilometer schnellen Zugvögel brüten zwischen Mai und September hier in einer der größten Uferschwalbenkolonien Deutschlands. Im Winter ziehen sie bis nach Afrika und Südamerika. Bäume und Sträucher wachsen im nicht mehr aktiven Bereich des Kliffs entlang des leicht mäandernden Wegs, der in Niendorf am 8 Kilometer langen Strand endet. Stärkung bieten Cafés und Restaurants an der Promenade und Fischbuden im idyllischen Hafen. Von dort ist die entspannte Rücktour mit der Buslinie 40 bis zum Strandbahnhof in Travemünde möglich.

TIPP

Ein Besuch im Erlebniscafé Hermannshöhe.

....
● Brodtener Ufer zwischen Travemünde und Niendorf
● ÖPNV: 30, 31, 33, 35, 40, 5950, 5951, Haltestelle Strandbahnhof
bzw. Niendorf Hafen

Frühstück im Erdbeerrausch

 31 Im Karls in Warnsdorf

Erdbeerduft liegt in der Luft. Einfach unwiderstehlich hüllen Aromen die Gäste im Karls schon am Eingang ein. Schnell, einmal tief einatmen, bevor er vielleicht verfliegt, der berückende Duft. Die Quelle des Glücks ist nah. Immer der Nase nach, ein paar Schritte nur, dann ist der Ursprung entdeckt: Eine Marmeladenkocherin rührt in einem großen Edelstahltopf die roten Früchte. Hinterm Glastresen zugucken, wie mit Schwung Gelierzucker eingemischt und dann die Masse in Gläser gegossen wird, weckt die Vorfreude auf die erste Scheibe Brot. In riesigen Weckgläsern steht die samtig-cremige Marmelade auf dem Frühstücksbuffet. Der Laib aus dem Holzbackofen ist noch warm, der Gaumenschmaus nur noch Sekunden entfernt. „Für Kinder bis zehn Jahre kostet unser Frühstück nur einen Euro", erzählt Ulrike Dahl. Während sie sich eine Stulle schmiert, werden Kindheitserinnerungen wach. „Wir haben früher da oben geschlafen", zeigt die Inhaberin in Richtung Holzdecke. „Links mein Bruder, rechts ich."

Heute lebt das Karls von selbst entwickelten Produkten von Ulrike Dahl, ihrem Bruder und ihrer Schwägerin. Zum Konzept gehört Upcycling. Vorhandenes wird in neuer Funktion weiterverwendet. Das macht das Interieur im Café originell: Der Tresen besteht aus alten Türen. Die Knäufe zwischen Tassen und Tellern laden zum Drehtest ein, Kochtöpfe sind zu Lampenschirmen umfunktioniert. Weit oben im Lichthof leuchten Dutzende Kaffeekannen aus Porzellan in einem riesigen Setzkastenregal als Wanddekoration. Ein Fernglas liegt parat, damit die zarten Muster auf den Kannenbäuchen studiert werden können. Für Kinder sind draußen eine Treckerbahn, die Kartoffelsackrutsche und kletternde Ziegen ein Vergnügen. Erdbeergemustertes für alle Lebenslagen überwältigt im Laden. Und eine charmante Idee: Für die Schwalben, die jedes Jahr unter der Decke brüten, ist auch Platz im Konzept der Dahls. Eine Hintertür bleibt für sie offen. „Sie sind Glücksbringer."

● Karls Erdbeerhof, Fuchsbergstraße 4, 23626 Ratekau, Tel. (03 82 02) 40 50
www.karls.de/warnsdorf
● ÖPNV: Bus 35, 40, Haltestelle Warnsdorf; Bus 5920,
Haltestelle Warnsdorf Erdbeerhof

Die Wale aus der Ur-Nordsee

32 Im Museum für Natur und Umwelt

Summgeräusche locken zum Fenster im obersten Stock des Museums für Natur und Umwelt. Bienen landen draußen. Sie krabbeln durch eine durchsichtige Röhre zu einem Bienenstock aus Glas, der mitten im Museum steht. Flügel, Fühler, flauschiger Körper und Beinchen, alles ist klar zu erkennen. – Die Beobachtungsstation mit lebenden Objekten ist prima. Sie weckt sofort den Forschergeist. Aber die Pollenträger und Wabenbauer machen nur einen winzigen Bereich der 1600 Quadratmeter Schaufläche in den drei Stockwerken des Museums aus. Um Flora, Fauna und Geologie in der Region um Lübeck kennenzulernen, gibt es einladende Mitmachstationen und Infotafeln, die Forschungsprojekte erklären. Prunkstücke in der Museumsschau sind elf Millionen Jahre alte versteinerte Walskelette. Sie wurden in einer Glimmertonschicht im nahen Groß Pampau entdeckt. Dort ruhten die Fossilien in nur 15 bis 20 Meter Tiefe im Boden. Sie stammen aus dem Miozän. Damals erstreckte sich die Ur-Nordsee in der Region.

TIPP

Ein 14 Meter langes Pottwalskelett unter Glas lockt zur Expedition in den Hof.

Im Erdgeschoss des Museums darf gestaunt werden. In offenen Schaukästen ohne Glaswände laden die Funde zum ausgiebigen Betrachten ein. Der Körperbau der Meeressäuger lässt sich sehr gut erkennen. Über den Köpfen der Besucher schwebt eine Rekonstruktion des „Pampauer Wals". Der Riese veranschaulicht, wie das Tier aus der Ur-Nordsee ausgesehen haben könnte. Auch eine fantastische Anzahl versteinerter Knochen von Robben, Versteinerungen von Fischen und von Schildkröten steckten im Ton. Die sagenhafte Menge der entdeckten Versteinerungen macht Groß Pampau für Forscher in Europa einmalig. „Es gibt keine vergleichbare Stätte", erklärt Museumsleiterin Dr. Susanne Füting. Auf Fotos sind die Expeditionsteilnehmer zu sehen, die beim Freilegen der sensationellen Stücke in der Pampauer Grube dabei waren. Das Glück steht ihnen ins Gesicht geschrieben. Ansteckend, diese Begeisterung für das Miozän.

....

● Museum für Natur und Umwelt, Musterbahn 8, 23552 Lübeck, Tel. (04 51) 1 22 41 22, www.museum-fuer-natur-und-umwelt.de
● ÖPNV: Bus 1, 2, 4, 6, 7, 9, 15, 16, 17, Haltestelle Fegefeuer

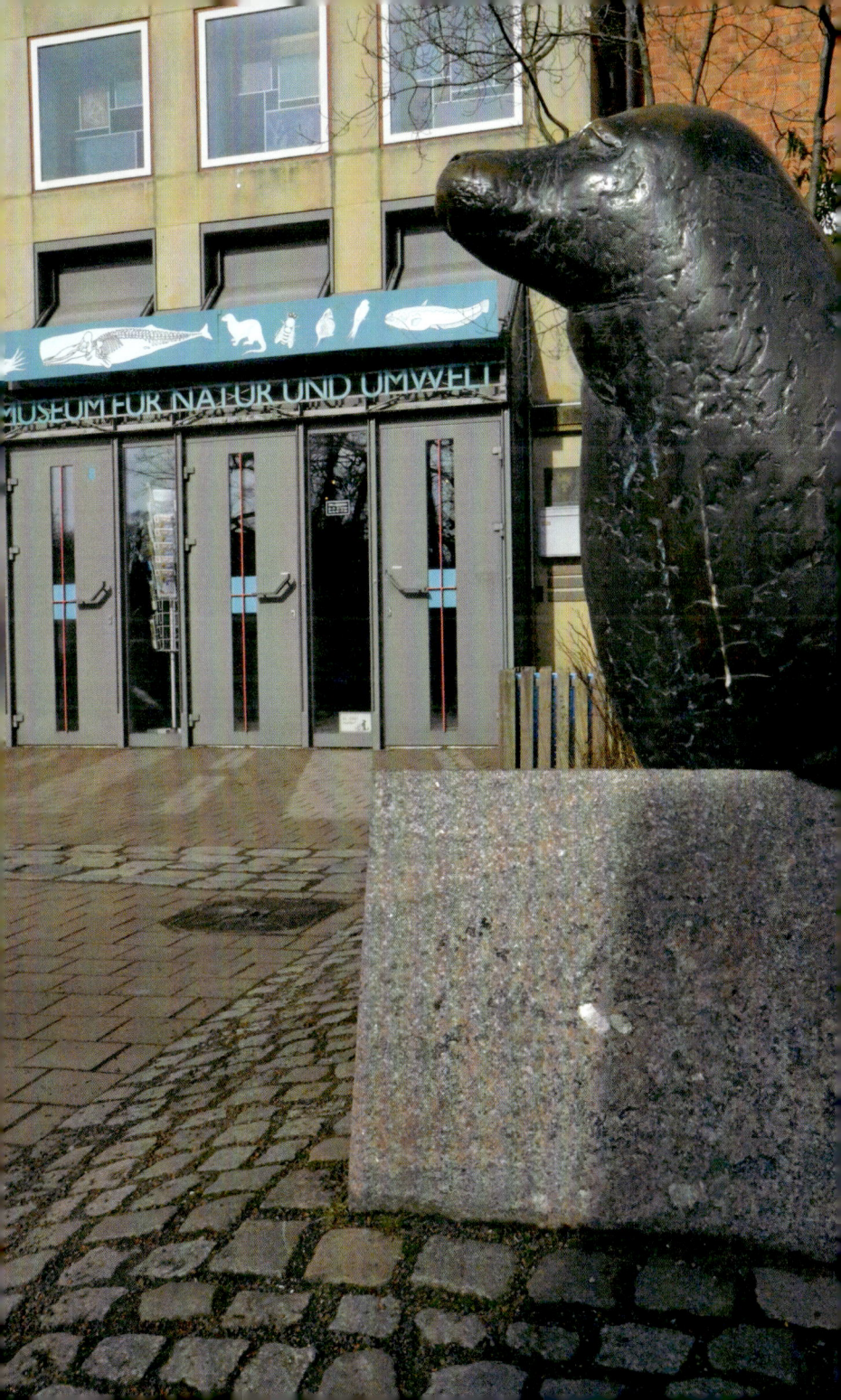

Muskeltour ins Grüne

33 Mit der Draisine auf der Schiene

Das Navi hat frei, denn die Strecke ist klar: Schienen halten die Draisine von Ratzeburg nach Schmilau auf Spur. Alles andere auf der Tour hat den Abenteuerappeal eines alten Westernfilms. Voran geht's mit den Gleisvehikeln nur per Muskelkraft. Draisinen werden im Handbetrieb bewegt. Nach den ersten Pumpbewegungen an den Schwunggriffen zeigt sich: Das ist ein Partnersport. Die Tempomacher stehen vis-à-vis auf dem Wagen. Je einvernehmlich gleichmäßiger die Druck- und Zugbewegungen am Wiegehebel sind, desto schneller saust man übers Gleis. „Tock, tock", klingen die Hebel beim Anschlagen und die Schienen summen dunkel unter den Stahlrädern. Die Zeit dehnt sich genüsslich in die Länge. Der Freiluftwaggon gondelt mit seinen Fahrern mitten durch die Natur. Wiesen, Getreidefelder, grüne Wälder und Rangiergleise ziehen gemächlich vorbei. Stand da nicht ein Schild mit „Nächster Halt: Aussteigen zum Blumenpflücken?" Die lauschige Ausflugsroute haben Draisinentouristen einem royalen Wunsch zu verdanken: Kaiser Wilhelm II. hatte den Schienenstrang anlegen lassen, um die Fahrzeit der Bahn von der Hauptstadt Berlin zum Hafen nach Kiel zu verkürzen. Die Strecke sparte eine ganze Stunde. Der für seine Mobilität bekannte Monarch, auch „Reisekaiser" genannt, weihte die Maßnahme zur Verbesserung der Infrastruktur 1897 persönlich ein.

An den Bahnübergängen wird es mit der Draisine besonders spannend. Die 4,5 Kilometer lange Stahlroute durchschneidet vier Straßen. Ein Sicherheitsbeauftragter auf Zeit wird erkoren. Als Schrankenwärter kurbelt er Schranken, die Draisinen an Kreuzungen stoppen, hoch und wieder runter. Zweite Wachaufgabe: mit einer rot-weißen Signalfahne auf der Straße Autofahrer auf „Draisine quert" hinweisen.

Der Unternehmer Oliver Victor hatte 1998 die Idee, auf der 1994 stillgelegten Bahnstrecke zwischen Hollenbek und Ratzeburg Draisinentouren anzubieten. Die Auswahl der Kombitouren ist enorm, Gleisfahrzeuge für zwei bis zehn Mitfahrer stehen zum Zustiegen bereit.

....

● Erlebnisbahn Ratzeburg, 3-Muskel-Café Bahnhof, Im Bahnhof 1 b, 23909 Ratzeburg, Tel. (0 45 41) 88 32 16, www.erlebnisbahn-ratzeburg.de
● ÖPNV: RB, Bus 131, 8710, 8730, 8740, Haltestelle Ratzeburg Bahnhof

Klein, aber fein

34 St. Aegidien im Handwerkerviertel

„Das Taufbecken hat Geschmack. Die schönsten Kleider will es behalten." Ist Pastor Thomas Baltrock bei einer Führung durch die St.-Aegidien-Kirche bei der Gegenwart der 1227 erstmals erwähnten Kirche angelangt, gibt es Anekdoten zum Schmunzeln im Dutzend. Die leicht herausragenden goldenen Blätter in der schmiedeeisernen Brüstung am Taufbecken angeln regelmäßig nach den Hochzeitsroben der Bräute. – Ein absoluter Glücksmoment tritt ein, wenn der Zukünftige der Frau in Bedrängnis ritterlich zu Hilfe eilt und sie aus dem schmalen Gang zwischen übergriffigen Blättern und Bänken befreit.

Taufbecken wie in der Hallenkirche hatten für die Kaufleute in der Hansezeit einen praktischen Nutzen. „Taufbecken wurden damals häufig als Eichmaße benutzt." Mit 405 Litern Fassungsvermögen entsprach eine Füllung exakt einem Fassmaß. Die Fünfe, wie das 1453 gegossene Stück von Heinrich Gerwieges heißt, weist noch eine Besonderheit auf: Mönchsfiguren tragen den Behälter. „In einer evangelischen Kirche sind Mönche ungewöhnlich", weist Baltrock auf die für katholische Mönche typischen Mensuren-Glatzen der Figuren. „Man warf damals nichts weg." Man behalf sich. Jeder Mönch bekam einfach einen Satz Flügel angepasst. „Schwupp, waren es Engel."

TIPP

Das Bild „Kind im Spielzimmer" an der Hauswand gegenüber entstand bei einer anonymen Kunstaktion.

Die prachtvolle Ausstattung der Kirche im Handwerkerviertel erzählt vom erstarkenden Selbstbewusstsein der Bürger, weiß Baltrock als Kenner der Kirchenschätze: Der Altar trägt das Familienwappen von Agneta Scherer. Sie stiftete 1701 das dekorative Inventarelement im üppigen Barockstil. Das Abendmahlsbild, die Kreuzigungsgruppe und der von heiteren Engeln flankierte auferstehende Christus waren zwar damals hochmodern, hatten jedoch einen entscheidenden Unterschied zum Vorbild in der großen Marienkirche: Holz und Stuck wurden als schlichtes Material verwendet. Der gotische Vorgängeraltar aus edlerem Marmor wurde ins Siechenhaus Klein-Grönau verfrachtet. Heute ist der Altar im nahen St. Annen-Museum zu bewundern.

● St. Aegidien, Aegidienstraße 75, 23552 Lübeck
www.aegidien-kirche-luebeck.de
● ÖPNV: Bus 5, Haltestelle Krähenstraße

Herren links, Damen rechts

Im Naturbad Falkenwiese

Von der Königstraße in der Altstadt bis zum Sprung in die kühle Wakenitz sind es nur 12 Minuten zu Fuß. Über die Glitzerbrücke, so wird die Travequerung am Klughafen wegen der Glanzpünktchen im Belag liebevoll genannt, geht es geradeaus durch die Straße An der Falkenwiese zum Wakenitzufer. Sonnengelb gestrichene Holzwände dehnen sich als Sichtschutz am Weg entlang. Durch eine schlichte Tür in verheißungsvoll leuchtendem Blau geht es in das Naturbad am Fluss. Die Nähe zur Stadt ist nur eins der bemerkenswerten Charakteristika: Die Falkenwiese ist charmant. Die Originalausstattung wie aus Urgroßmutters Zeiten weckt nostalgische Glücksgefühle. Beim Kassenhäuschen geht es zu den Umkleiden für Herren links, für Damen rechts. – Wie in der ersten Tanzstunde. Eine Mutter schwärmt von den Vorzügen des Flussbads: „Hier gibt es nie Quallen und das Wasser ist wärmer als die Ostsee." Lange Schwimmrunden, kurze Flugabenteuer vom Sprungturm oder von der Rutsche sind auf 4000 Quadratmeter Badefläche ein sicheres Vergnügen. Rettungsschwimmer wachen über die Badenden.

Sonnenbader können auf 1000 Quadratmeter Stegfläche ihre Handtücher ausrollen, kühlende Brisen streichen übers Laken. Hecken auf der Liegewiese bieten Wind-, Sonnen- und Sichtschutz.

Eine Bürgerinitiative machte sich für den Erhalt des Bades mit der schönen Lage stark. Gleich zwei Vereine setzen sich jetzt für das 1899 eingeweihte Bad ein. Der Förderverein Naturbad Falkenwiese schaffte es 1997, das Gebäude unter Denkmalschutz stellen zu lassen. Der Gemeinnützige Verein Naturbäder Lübeck trägt seit 2006 das Freibad Falkenwiese und seine Schwesterbäder Marli und Eichholz am Kleinen See. Im Hitzesommer 2018 zeigte sich, dass der Erhalt des Bades wichtig für erfrischende Glücksmomente ist: 100.000 Gäste – ein Besucherrekord – kamen, um sich in der Wakenitz abzukühlen. Das Bad wird abends zum kulturellen Treffpunkt: Auf einer futuristischen Schwimmbühne laufen Konzerte, Theaterstücke und Lesungen. Unter gelben Segeln an Land erwarten Bänke und Tische die Zuschauer. Fürs Wohlbefinden ist gesorgt!

....

● Naturbad Falkenwiese, Wakenitzufer 1 b, 23564 Lübeck, Tel. (04 51) 79 43 15
www.naturbad-falkenwiese.info
● ÖPNV: Bus 15, Haltestelle An der Falkenwiese

Schuhschnabel & Schleiereule

36 Rundgang durch den Vogelpark Niendorf

„Komm, Beo!" Der freundliche Ton in der Stimme von Klaus Langfeldt ist unwiderstehlich.

Der Angesprochene lauscht, breitet die pechschwarzen Flügel aus und macht sich auf die Suche nach dem schönen Klang. „Mach keinen Quatsch", flüstert Langfeldt dem gelb Geschnäbelten zu und blickt ihm in die Augen. Und – der Beo ahmt ihn nach. Dem Besitzer des Vogelparks Niendorf steht das Glück in die Lachfältchen geschrieben. „Das Kunststück hat ihm sein voriger Besitzer beigebracht." Der gelehrige Exot ist wie viele der 1000 Vögel ein Geschenk. Langfeldt betreibt eine Art Seniorenresidenz für Papageien, Kakadus und Aras. „Die Vögel werden sehr alt." Können Erben die Tiere nicht halten, nimmt der Vogelpark die Schönen aus fernen Landen auf. Mit Krächzen, Pfeifen und akrobatischen Tricks empfangen sie am Eingang die Besucher. Langfeldt hat ein großes Herz: Auch verletzte Vögel und verwaiste Küken pflegt der Fachmann im Park. 1983 baute er im verwunschenen Grün der Aalbeek-Niederung Volieren und Gehege für die Tiere aus, die er übernommen hatte. 2015 Meter lange Kieswege führen durch das 7 Hektar große Inselgelände. Im Schatten rauschender Bäume hält Langfeldt 35 Eulenarten. Dem passionierten Hobbyornithologen gelingt die schwierige Nachzucht. „Der Park ist ein einzigartiger Glücksort", erzählt Besucherin Kerstin Hass, Mitglied des Eulenschutzbundes Schleswig-Holstein. Über Stunden hat sie Waldeulen, Käuze, Uhus und die Jungen einer weißen Schleiereule bewundert. Zwischen mannshohem Schilf, in schattigen Hainen und hinter Brücken gibt es immer wieder neue Ansichten: Brütende Weißstörche im Nest, Schuhschnäbel mit Schnäbeln so groß wie Holzpantinen oder Perlhühner, die über den Rasen rasen. Beim Café flaniert eine Schar rosa Flamingos durch einen Weiher. Oder aber man entdeckt Küchenchef Massimo Menghini, der ein Tablett frisch geschnittener Rosenblüten aus dem Park trägt. Seine Absichten sind delikat. „Daraus mache ich Gelee."

TIPP

Schmausen wie der Klapperstorch: Fischbrötchen gibt es bei Klüvers Hafenräucherei am Niendorfer Hafen.

● Vogelpark Niendorf, An der Aalbeek, 23669 Niendorf, Tel. (0 45 03) 47 40
www.vogelpark-niendorf.de
● ÖPNV: Bus 40, 500, 505, 5920, Haltestelle Niendorf Vogelpark

Wo fängt der Luxus an?

37 Industriemuseum Geschichtswerkstatt Herrenwyk

Auf dem wandfüllenden Schwarz-Weiß-Foto am Eingang ist die Teilung der Welt im Stadtteil Herrenwyk sofort zu erkennen: Am breiten Weg steht die Fabrikantenvilla allein. Weit dahinter kommen, Wand an Wand geschmiegt, die Reihen der Arbeiterhäuser. Gebaut an langen Straßen, die mit dem Lineal auf dem Reißbrett gezeichnet wurden. „Bis zu 15 Menschen wohnten in einem Haus", erfahren die Gäste von den Museumsguides. Oft kommen sie vom Verein für Industrie- und Arbeiterkultur, oft sind sie Zeitzeugen. Durch ihre Erinnerungen, ihre Geschichten wird die Ausstellung im ehemaligen Kaufhaus von Herrenwyk lebendig. Sie kennen das Hochofenwerk, für das die Arbeitersiedlung gebaut worden war. Und die Arbeitszeiten: 12 Stunden am Tag wurde gearbeitet. Auch sonnabends.

Im Museumslabor ist Ausprobieren erlaubt: Eine Präzisionswaage kann mit winzigen Gewichten bestückt werden. Auch die Schreibmaschine im Büro mit den vergilbten Auftragsbüchern und schweren Bakelittelefonen steht für Fingerübungen aus dem Analogzeitalter parat. In einer Schmiede hängen armlange Riesen-Kneifzangen, im Waschraum steht ein Zuber mit Waschbrett, ein Nachttopf unterm Bett – der Kontrast zur Gegenwart wirkt intensiv. Die Schau macht klar, wie angenehm der Lebensstandard dank moderner Technik gestiegen ist. Selbst der Zeitgeist des Unverpackten hat Geschichte, zeigt der historische Kaufhaustresen: Lose gab es schon damals Öl und Milch, Getreide und Erbsen. Die Kunden brachten eigene Behälter zum Kaufmann mit.

Die Glücksorte der Arbeiter? Klar gab es die. Sie segelten im Seglerverein Herrenwyk. Im Sängerverein wurde damals politisch heiß diskutiert, im Werksorchester musiziert. Ein mannshoher Filmprojektor spielte den Arbeitern im Werkskino zwei Mal in der Woche ratternd Zelluloid-Träume im 35-Millimeter-Format vor. Schwarz lackierte metallene Filmspulen und ein Schneidegerät erinnern daran: Im prädigitalen Zeitalter war selbst das Filmvorführen eine eigene Handwerkskunst.

● Industriemuseum Geschichtswerkstatt Herrenwyk, Kokerstraße 1–3, 23569 Lübeck, Tel. (04 51) 1 22 41 95, www.geschichtswerkstatt-herrenwyk.de
● ÖPNV: Bus 32, 33, Haltestelle Herrenwyk

Meerjungfrauentäschchen

38 Im Sea Life in Timmendorfer Strand

Am Rand des Rochenbeckens liegt ein Blatt Papier mit der Aufschrift „Meerjungfrauentäschchen". Darunter ruht eine dunkle, bauchige Hülle mit vier nadelförmigen Spitzen. Aha. Es gibt also erstens Nixen und zweitens am Pool einen extra markierten Ort für ihre Clutches? Die Expertin vom Sea Life lacht bei der Führung sehr vergnügt. „Es verhält sich doch etwas anders." Meeresforscher gaben den Eihüllen von Rochen und Haien den sprechenden Namen. Also nix mit Nixen.

„Man schützt nur das, was man kennt" – dem Motto ist das Aquarium seit seiner Eröffnung 1996 treu. Der schöne Name für den Eibehälter transportiert die Idee sofort. Er weckt Neugier. 2500 Meeresbewohner, über 100 Arten aus der ganzen Welt, schwimmen in den Salzwasserbecken. Rund 40 Mitarbeiter betreuen die Tiere und die Besucher. Das Aquarium nimmt auch Tiere aus schlechter Haltung auf, von der Reptilienstation in München und aus beschlagnahmten illegalen Importen. Säugetiere wie Delfine gibt es nicht. Die leben besser im Meer. Das Sea Life ist eins von acht Aquarien in Deutschland, weltweit betreibt der amerikanische Mutterkonzern 51. Die Becken im 1500 Quadratmeter großen Haus sind in Augenhöhe der Kinder gebaut. Winzige Seepferdchen, exotische Clownsfische mit Streifen in Orange und Weiß sind gut zu sehen. Mit detektivischem Scharfblick lassen sich schmale Seenadeln im Seegras enttarnen. Glasglocken, die von unten in die Becken ragen, laden zu Kriechtouren ein. Wer bei den Piranhas den Kopf in die Glocke schiebt, steht im Schwarm der Fleischfresser. Und stellt fest: Die Fische haben schöne Augen, aber einen ausgesprochen hungrigen Blick.

„Wir kommen, um Speedy zu besuchen", hören die Sea-Life-Kräfte oft von Jahreskartenbesitzern. Die grüne Wasserschildkröte im Ozeanbecken hat eine eigene Fangemeinde. Streut man dem gepanzerten Tier Brokkoli und Salat ins Wasser, saust Speedy dem Grünzeug mit kräftigem Beinschlag hinterher. Mitten durch die Schwimmroute der Haie. Sie ist der Chef im Ring.

TIPP

Im Café Wolkenlos am Ende der Seebrücke das Panorama genießen: Auf der Seeschlösschenbrücke.

● Sea Life, Kurpromenade 5, 23669 Timmendorfer Strand, Tel. (0 18 06) 66 69 01 01
www.visitsealife.com
● ÖPNV: Bus 40, 500, 504, 5814, 5951, Haltestelle Hotel Atlantis, Timmendorfer Strand

Neues Leben in alten Mauern

39

Das Stadthaus Kleine Altefähre 17

„Das Haus in der Kleinen Altefähre 17 hat seinen letzten großen Umbau wohl um 1800 erlebt", schätzt Besitzerin Vera Detlefsen. Damals wurden Haustür, Fenster und Holztreppe im Stil der Zeit erneuert. Die ältere Fassade blieb unverändert. Seit 2016 stellt die Architektin den ersten Bauzustand ihres Liebhaberstücks in Teilen wieder her. „Fertig werden wir wohl nie", sagt sie und lacht. „Wir haben den Estrich rausgenommen, Leitungen, den Holzboden und das Dach erneuert." Ihr Credo „Altes erhalten und weiter nutzen", zeigt sich an einer Wand aus neu vermauerten alten Backsteinen. Im Erdgeschoss gab es zeitweise ein Kontor mit einer Aussparung in der Dielendecke für einen Warenaufzug, beschreibt die Architektin die Raumaufteilung in der Hansezeit. Sie erhielt beim Rückbau einen der Anbauten: Den hinteren Flügel im Garten, ein Relikt aus der Renaissance. Dort ist heute wie damals das Wohnzimmer eingerichtet.

TIPP

Ein Besuch im benachbarten hochmodernen Hansemuseumsgebäude.

Vera Detlefsen ist eine der Bewahrerinnen des Weltkulturerbes. Die Architektin saniert bestehende Gebäude in der Innenstadt. Die neue Wertschätzung in der Gesellschaft für das Alte erfreut sie zutiefst: „Die Menschen haben den Charme der alten Stadthäuser wiederentdeckt." In ihrem Haus lässt sie bei Stadtführungen Gäste an der Geschichte des Wohn-Kleinods teilhaben. Fundstücke, die sie beim Rückbau entdeckte, halfen bei der Rekonstruktion. Ein Schuster hatte Geschäft und Wohnung im Haus. Stewards, Matrosen und Seeleute kamen im Gebäude beim Hafen unter. „Die Hausbesetzer-Szene hatte das Haus in den 80er-Jahren erobert und brachte gastierende Bands hier unter."

Die Spuren der vorigen Bewohner hat sie als Zeitzeugnisse sorgfältig in einem extra gebauten Museumsgelass verwahrt. Ein kleiner Glücksort für Fans der wechselvollen Hausgeschichte, nur zwei Hände breit. Unter einer Glaskachel im Boden können ein alter Dreifuß-Tontopf, der früher ans offene Feuer gestellt wurde, Münzen mit Patina, eine Haarschleife, eine Erdal-Schuhcremedose und ein weißer Plastikhund bestaunt werden.

....

● Stadthaus Kleine Altefähre 17, 23552 Lübeck
● ÖPNV: Bus 3, Haltestelle Hansemuseum

Samen-Taxi am Stülper Huk

40 Das Naturschutzgebiet Dummersdorfer Ufer

Der Blick vom Hirtenberg ist phänomenal. Segelschiffe ziehen mit geblähten Segeln auf der Trave vorüber, am Horizont ragt das Hotel Maritim in Travemünde kantig in den Himmel. Im Norden lässt sich der Skandinavien-Kai erahnen. Auf den Hängen des Steilufers grasen Schafe und Ziegen. Von der Haltestelle Hirtenbergweg führt der Weg bis zum Ende der Straße immer geradeaus an den Häusern im Stadtteil Kücknitz vorbei. Rinder grasen auf extensiv genutzten Weiden neben dem Weg. Über federnden Waldboden erreicht man nach dem Parkplatz im 340 Hektar großen Naturschutzgebiet einen Aussichtspunkt. Weitere Spazierwege zweigen dort ab. Heller Strand, Wald und Steilufer verlocken, bei ausgedehnten Streifzügen die Seele baumeln zu lassen.

Vom Hang verläuft der sanft geschwungene Sandpfad zum 16 Meter hohen Hügel auf dem Stülper Huk, einem Glücksort für Wissenschaftler. Sie würden die gebogene Sandnase wohl Schatzkiste oder Hotspot nennen. Eine von Wassergräben umgebene Turmhügelburg stand bis 1188 am markanten Punkt, das Kontrollieren des Wasserwegs von der Erhebung war leicht. Ein Gedenkstein erinnert an die Annahme älterer Historiker, dort sei das sagenhafte „Alt-Travemünde" zu verorten. Pfähle aus den Jahrzehnten 180 bis 200 nach Christus wurden im Ufergrund entdeckt, Steinzeitutensilien im Boden des Bergs. Biologen verfolgen die Renaturierung des idyllischen Silkteichs neben dem Berg. Der ehemals natürliche Hafen wurde im 20. Jahrhundert zugeschüttet und beackert. Jetzt wohnen Lurche und Libellen am leicht salzhaltigen Wasser.

Selbst die Schaf- und Ziegenherden, die auf dem Stülper Huk Gras und Wildkräuter futtern, standen bereits im Fokus biologischer Fellstudien. Die Wissenschaftler von der Lübecker Universität tauften die Mähtiere nach einer Untersuchung mit Kamm und Bürste „Samen-Taxi": Bis zu 300.000 Samen trägt die Herde in den Haaren mit. Streifen die Tiere Pflanzen, verhaken sich die Samen mit Grannen auch in glatten Haaren. Im lockigen Fell wurde leichtes Saatgut entdeckt.

TIPP

Nördlich der Sandnase kann man bis zum Skandinavien-Kai am Ufer wandern.

● Stülper Huk am Dummersdorfer Ufer, 23569 Lübeck
● ÖPNV: Bus 32, Haltestelle Hirtenbergweg

Von zwei Löwen bewacht

41 Der Lübecker Dom

Beim Spaziergang am Mühlenteich zeigt sich der Dom in seiner ganzen Pracht. Ist das Wasser spiegelglatt, schenkt sich das Gotteshaus aus rotem Backstein gleich doppelt als malerisches Fotomotiv. 131 lange Meter zieht sich das Kirchenschiff über den Altstadthügel hin, die beiden Türme ragen 114 Meter hoch gen Himmel. Der Dom ist die zweithöchste Kirche in Schleswig-Holstein. Tierbildnisse zwischen den Domschätzen machen beim Entdecken glücklich: Zwei wachsame Löwen erinnern an Heinrich den Löwen. 1173 ließ er als Stifter den Grundstein für den Dom in der Stadt legen, als deren Gründer er gilt. Er bestimmte, die an der Trave vorher mehrfach gegründete Stadt solle ihren Platz auf der heutigen Altstadtinsel haben. Unter der Lutherbuche steht eine Replik des kraftvollen Braunschweiger Löwen. In der Kirche empfängt ein Kunstwerk aus romanischer Zeit Besucher. Zur Mittagszeit streichen Sonnenstrahlen Glanz auf den vergoldeten Körper und das gütige Lächeln der Großkatze. Gold glänzt im gesamten Dom: Am Sonnenbild der Uhr am Lettner, im gemalten Himmel der Altarbilder und auf dem Einhorn auf Marias Schoß.

Ein Einhorn? Ja, tatsächlich. Im geschnitzten „Marienaltar mit der Einhornjagd" hat eines der Fabeltiere seine behuften Vorderbeine zutraulich auf die Knie der Jungfrau Maria gelegt. Der Kirchenguide nickt – er kennt die Frage zum Altar von 1506. Das mythische Wesen in einer christlichen Darstellung war im Mittelalter nicht ungewöhnlich, sondern ein sprechendes Bild. „Man glaubte damals Überlieferungen, nach denen Einhörner nur Vertrauen zu Jungfrauen hatten." Genauso fabelhaft wie das Tier ist die Geschichte, die sich um die Entstehung des Altars rankt: Ein Betrüger flüchtete nach seiner Verurteilung durch ein weltliches Gericht in den Dom. Er ging dafür durchs Fegefeuer – eine Straße in Lübeck. Die Kirche nahm ihn unter der Bedingung auf, dass er beim Bußetun den Marienaltar schnitzt. – Ob es sich um das erste überlieferte Resozialisierungsprojekt handelt, ist nicht bekannt.

....

● Dom zu Lübeck, Mühlendamm 2–6, 23552 Lübeck, Tel. (04 51) 7 47 04
www.domzuluebeck.de
● ÖPNV: Bus 1, 2, 4, 6, 7, 9, 15, 16, 17, 8710, Haltestelle Fegefeuer

Einmal übern See brettern

42

Die Wasserskianlage in Süsel

Leises Sirren liegt über dem Rumpelsee. Der Schlepplift der Wasserskianlage läuft. Ein E-Motor zieht alle paar Sekunden einen Fahrer übers Wasser. Hände mit ausgestreckten Armen am Trapez des Lifts, Knie leicht gebeugt, Füße in breiten Skiern, hinter sich eine Linie weiß plätscherndes Heckwasser, 30 Stundenkilometer schnell. Ein schneidiges Bild.

Eine Gruppe hat bei Christian Rumpel eine der drei Bahnen gebucht. Der Jubel der anderen fliegt einem Anfänger in den Sonnenuntergang nach: 10 Meter, dann 20, dann 30 hat er nach dem Gleitstart vom Steg auf Anhieb geschafft. Die Freunde juchzen. Die Balance stimmt. Nach jeder Runde wird die Haltung lässiger. „Das lernt jeder!", erzählt Rumpel und lacht mit den Anfeuerungsrufern. Manche brauchen 10 Minuten, andere eine Stunde. Aber es klappt immer. Die Anfänger bekommen einen Einweisungskurs und eine Ausrüstung: Neoprenanzug, Rettungsweste, Skier oder Wakeboards werden gestellt. Um jeden See läuft ein Wanderweg für die abgesegelten Fahrer.

TIPP

Bei Sonnenuntergang Pommes auf der Terrasse knabbern.

Das Wasser spiegelt Baumwipfel, Enten quaken am Schilf. „Es ist für mich der schönste Ort der Welt", sagt Christian Rumpel, der die Geschäftsidee fürs Freizeitvergnügen von seinem Opa erbte. 1985 weihten sein Großvater und sein Großonkel als Erste in Schleswig-Holstein die Wasserskianlage ein. „Mein Opa hatte hier vorher eine Bauernstelle." Die Äcker waren sandig, er stellte auf Kiesabbau um. Irgendwann war die Fläche mit Grundwasser gefüllt. Ab März stehen seitdem die Türme der Schlepplifte, im Oktober wird abgebaut. Über 70-Jährige trauten sich schon auf die Bretter. Kinder dürfen starten, wenn sie schwimmen können. Menschen mit Behinderung sind Rumpel willkommen. „Sie müssen aber sehr fit sein. Der Sport ist herausfordernd." Trick-Ski-Fahrer sausen mit Wakeboards über Rampen in der 900-Meter-Bahn. Salti, 180-Grad-Drehungen und gewagte Grinding-Manöver der Wasserartisten lassen sich zum Glück auch von der Terrasse am Start, der Liegewiese oder der Badestelle ganz entspannt bewundern.

....

● Wasserski Süsel, Süseler Moor 2, 23701 Süsel, Tel. (0 45 24) 17 77
www.suesel-seeparx.de
● Am besten per PKW zu erreichen

Ein Entree mit Stil

43 Der Strandbahnhof Travemünde

Der Strandbahnhof empfängt Bahnreisende royal. Über dem Ausgang grüßt eine große Glasmalerei, die Atlas zeigt, den mythischen Träger der Weltkugel. Vom Gleis bis zum Ausgang durchschreiten Passanten eine Halle im Ambiente eines Festsaals. Elf hufeisenförmig gebogene Eisenstahlträger überspannen und gliedern den 400 Quadratmeter großen, wohlproportionierten Raum in zehn Abschnitte. Ein Band aus Ornamenten ziert die Wände. Sie sind direkt auf den Putz gemalt. Früher war die ganze Halle damit verziert. 2015 kauften drei Investoren das Schmuckstück. Sie arbeiteten über Jahre daran, es weiter aufzupolieren. Die Beleuchtung wurde verbessert, um die floralen Malereien im dunklen Dachgebälk der 1911 und 1912 gebauten Halle hervorzuheben.

Der besondere Wert des Gebäudes wurde schon eher erkannt. 2006 investierten die Bahn, die Stadt Lübeck und die Possehl-Stiftung 2,3 Millionen Euro in die Sanierung. Seitdem leuchten die schmiedeeiserne Wendeltreppe und die spekulatiusfarbenen Malereien im Bistro in neuem Glanz.

Paare drehen sich bei Tanzstunden regelmäßig auf den schwarz-weißen Fliesen. Die Investoren haben ein größeres Ziel: Durch sein stilvolles Ambiente ist der Strandbahnhof aus ihrer Sicht wie geschaffen für Veranstaltungen, Kunst- und Kulturevents. Mit Hingabe suchen sie seit Jahren nach Bauplänen, die eins der vielen Geheimnisse der Jugendstilschönheit lüften: Die Statik. Denn bevor Kunst, Musik und edle Speisen einziehen können, muss für das Bundesprüfamt klar sein, dass die zu Kaisers Zeiten gebaute Schöne auch heute noch belastbar ist. Zum Schwelgen schön ist der Ort schon heute.

....

● Strandbahnhof Travemünde, Bertlingstraße 7, 23570 Travemünde
● ÖPNV: RB, Bus 30, 31, 33, 35, 40, Haltestelle Strandbahnhof

Uter Konditoreibar

44 Patisserie-Schwelgen in der Fleischhauerstraße

Konditormeister Aurèle Uter liebt Transparenz. Er hat eine gläserne Backstube. Von den Tischen in seinem Café, sogar von draußen, durch die große Schaufensterscheibe hindurch, kann man Uter und seinen Kollegen beim Werkeln zusehen.

Jeden Tag wird frisch gebacken, sieben Tage in der Woche. Immer ist das Zuschauen ein Genuss. Schon beim Blick auf die emsigen Hände und auf die im Backofen garenden Teigwaren wächst die Vorfreude.

Uter verarbeitet kiloweise goldgelbe Butter und Eier von glücklichen, freilaufenden Hühnern. Er zaubert mit Mehl und Kakaobutter, gestaltet mit Bergen von Schlagsahne, frischen Früchten und betörenden Aromen die duftig-luftigen Schichten seiner Törtchen und Torten. Aus Säften macht er Gelee und Glasuren in intensiv leuchtenden Farben. Ja, in Uters Café entstehen kleine Patisserie-Kunstwerke. Schritt für Schritt, bis zum großen Deko-Finale mit teils nur millimetergroßen Blüten, Schokoraspeln, Rosmarinblättern. Wären da nicht die zum Probieren verlockenden, himmlischen Aromen, würde man die Kreationen vielleicht einfach nur stumm vor Glück bestaunen, so schön ist jedes Stück aus seiner Hand.

Hier ist alles handgemacht. Das Sauerteigbrot, die Brötchen, die Marmelade und die Nougatcreme fürs Frühstück. Natürlich könne er Teigwaren dazu kaufen, sagt der Konditormeister. „Aber ich hätte ein schlechtes Gewissen den Gästen gegenüber." Alles soll aus seiner eigenen Backstube kommen.

Es gibt Cafés in der Hansestadt, für die man sich fein anzieht, weiß der Wahl-Lübecker. Bei ihm ist es anders. Seine Speisekarte ist teils auf Plattdeutsch. „Es ist locker bei uns", sagt Uter.

Zum Glücklichsein gehört bei ihm Liebe zu den regionalen, auch veganen Produkten. Und für Gäste die Experimentierfreude des Chefs, der neben Klassikern wie Lemon Curd oder Lübecker Nuss auch immer neue Gebäckverführungen entwickelt.

Das Café ist sehr beliebt, deshalb der Tipp: Zum Frühstück rechtzeitig reservieren!

TIPP

Bummel durch die Fleischhauer- und die Hüxstraße einplanen.

● Uter Konditoreibar, Fleischhauerstraße 62, 23552 Lübeck, Tel. (01 51) 43 56 43 69
www.uter.cafe
● ÖPNV: Bus 4, 10, 11, 21, 31, 32, 39, Haltestelle Fleischhauerstraße

Im frischen Wind

Auf dem Turm der St.-Petri-Kirche

Der Ausblick auf die Dächer der Stadt ist vom Turm der St.-Petri-Kirche großartig. Eine steife Brise bläst Panoramasuchern neue Scheitel ins Haar. 50 Meter tiefer liegen die Altstadtinsel und die Trave. Die Distanz ruft die Verkleinerungsform im Sprachzentrum auf: Büschen rollen unhörbar durch die Straßen, Ausflugsbötchen schippern mit Touristen an Bord im Fluss, Menschlein sitzen in den Cafés am Ufer. Schön lebendig sieht die Stadt aus, die 1987 zum Weltkulturerbe der UNESCO erklärt wurde. Vom luftigen Ausguck lassen sich Spazierrouten in die Welt der imposanten Backsteingotik planen. Ein Netz von Straßen aus romanischer Zeit gliedert die rund 100 Hektar große Altstadtfläche. Rund 4500 Grundstücksparzellen mit Giebel- und Traufenhäusern, Kirchen und Klöstern, Stiften und dem historischen Rathaus haben auf der Insel Platz. Der Kirche auf dem Petri-Hügel steht das markante Holstentor als Sehenswürdigkeit am nächsten. Auf den spitz zulaufenden Kegeldächern schimmern Schieferschindeln matt im Sonnenlicht. Sie lassen sich fast mit bloßem Auge zählen. Seit das Dach mit Naturmaterial von der Mosel neu eingedeckt wurde, ruhen sagenhafte 30 Tonnen Schiefer auf der 1000 Quadratmeter großen Fläche.

TIPP

An der Kasse gibt es originelle Büroklammern in Holstentor-Form.

Ist der Lift im insgesamt 108 Meter hohen Turm mit den Plattformgästen wieder erdwärts gesaust, lohnt sich ein Rundgang durch die Kirche. Die Atmosphäre im fünfhalligen gotischen Bau wirkt angenehm offen und frei. Bänke und Altar fehlen. In luftiger Höhe gespannte weiße Segeltücher betonen die Weite im Raum mit den weiß getünchten Wänden. Die St.-Petri-Kirche ist keiner Gemeinde zugeordnet, hat aber als Kultur-, Universitäts- und Veranstaltungskirche eine große Schar von Jüngern: Ausstellungen und Filme werden gezeigt, Musiker treten in der Kirche und auf der Turmplattform auf. Petri-Visionen heißt eine bei Lübeckern als Geheimtipp gehandelte Gesprächs- und Veranstaltungsreihe, bei der zu später Stunde, meistens am ersten Sonnabend im Monat, ab 23 Uhr über das Leben philosophiert werden kann.

⬤ St.-Petri-Kirche, Am Petrikirchhof 1, 23552 Lübeck, Turmshop: Tel. (04 51) 7 90 70 18
www.st-petri-luebeck.de
⬤ ÖPNV: Bus 1, 2, 5, 6, 7, 9, 15, 16, Haltestelle Kohlmarkt

Wo die Hünen ruhten

46 Das Großsteingrab bei Pöppendorf

Unglaublich! Was Menschen so 3500 Jahre vor Christi Geburt schon bauen konnten. Auf der lauschigen Lichtung am Rand des Waldhusener Forsts kann einen vor dem Pöppendorfer Großsteingrab die Ehrfurcht packen. Unsere Vorfahren wuchteten mit Technik, die schlicht begeistert, tonnenschwere Findlinge über Land. Eine imponierende Leistung. Die Vorstellung, Nachfahre dieser findigen Typen zu sein, macht glücklich. Sie bewegten zwölf Steinkolosse als Träger und vier Abdecksteine mit reiner Muskelkraft von den Feldern zu diesem Ort und stellten die Steine in Position. Wie würde das heute gehen? Ein Radladerfahrer schaltet den Motor ein, lüpft den Stein mit der Schaufel und fährt damit zu einem Loch, das ein Bagger ausgehoben hat. Ein paar gut navigierte Schaufelbewegungen reichen, dann steckt der Koloss im geplanten Winkel im Boden. Eine Sache von Stunden. Historiker der Christian-Albrechts-Universität im nahen Kiel erprobten 2015 die Transport- und Bautechniken der Ahnen aus der Jungsteinzeit. Sie schaufelten eine Kiesrampe auf dem Campus. Freiwillige zogen und zerrten an dicken Tampen, um einen Findling die Schräge hochzuziehen. Es funktionierte. In der Gemeinschaft waren sie stark. Der Stein lag auf einem robusten Schlitten aus Holzstämmen, Baumstämme lagen als Rollen unter dem Gefährt. Als Abdeckung auf einem vorbereiteten Rund aus Findlingen konnte der Stein exakt platziert werden. Großsteingräber markieren eine kulturelle Entwicklungsstufe der Menschheit, ihnen verdankt ein Zeitalter seinen Namen Megalithkultur. Mega heißt auf griechisch „groß", „lith" Stein. Ob die Monumente Grabstätten oder Orte für religiöse Rituale waren, darüber streiten die Gelehrten. In Pöppendorf steht fest: Der rund 1,50 Meter hohe Innenraum ist zum Glück offen für Erkundungstouren. 1844 wurde der Erdhügel um das 6 Meter lange Monument entfernt. In 3,50 Meter Abstand ragt um die Findlinge ein Steinkreis wie Haifischzähnchen aus dem Boden. Er deutet den alten Saum des Hügels und die Größe der Anlage an.

....

● Großsteingrab Pöppendorf, Am Ringwall 1, 23569 Lübeck
● Am besten per PKW zu erreichen

Im Keller der Mönche

 47 Das Kloster Cismar

Am zweiten Wochenende im August erwacht in Cismar der Klostermarkt zum Leben. Händler in Leinengewändern bieten ihre Waren feil. Jäger mit Lederwams und Raubvogelfedern im Hutband weisen den Weg zum Kellergewölbe der ehemaligen Benediktinerabtei. Mehr als 100 Stände ziehen sich von der Bäderstraße rund um die alte Kastanie im Klosterhof bis hinter die Kirche. Gaukler schlagen Kapriolen, der Duft von handgenähten Lederwaren mischt sich mit Aromen von handgesiedeter Seife, Gewürzen und Brotgefäßen aus Birkenrinde. Bratwurst und Spanferkel brutzeln über glühenden Kohlen, Schupfnudeln garen im Dämpfer. Trubel von 70.000 Besuchern unter Backsteingotik und Treppengiebel – so stellt man sich pralles Markttreiben im Mittelalter vor. Besucher können den aus ganz Deutschland angereisten Handwerkern über die Schulter schauen. Ein Töpfer formt Figuren aus Ton. Ein Sattler näht Leder mit der Ahle, ein Tuchdrucker gestaltet mit Modelstempeln Stoff. Eine Brise vom Wallgraben greift in zarte Chiffonschals mit kunstvoll hineingefilzten Wollblüten und dreht Windräder. Zum Schreiben wie die Mönche laden Federhalter aus farbigem Glas ein.

Bis zur Reformationszeit war das 1238 gegründete Kloster ein Hotspot für Pilger. 800 Reliquien im Altarschrein und die Johannesquelle, der ab 1248 heilsame Kräfte zugesprochen wurden, entfalteten überregionale Anziehungskraft. Heute ist es in den erhaltenen Gebäuden ruhiger. Marita Bergest aus dem Förderkreis Kloster Cismar führt zum wertvollsten Stück: Der gotische Flügelaltar-Schrein wurde von 1300 bis 1320 in einer Lübecker Werkstatt geschnitzt. Das sogenannte Laienschiff ist Ausstellungsraum der Landesmuseen Schloss Gottorf, ein Teil des ehemaligen Refektoriums wurde Café.

Marita Bergeest hält den Geschmack des Pilgerns wach: Zwei Tage lang bereitet sie jedes Jahr für das Klosterfest einen halben Zentner Pilgergrütze vor. Spezialzutat zur Stärkung im Brei aus zehn heimischen Kornarten sind nach mönchischem Originalrezept übrigens Rumrosinen. Lecker!

● Kloster Cismar, Bäderstraße 42, 23743 Cismar, Führungen Tel. (0 43 66) 6 48
www.kloster-cismar.de
● ÖPNV: Bus 550, 555, 557, 5600, 5601, 5623, 5800, Haltestelle Cismar Klosterkrug

Da ist Musik drin

48 Der Tonfink: Kulturbar mit Kaffeetresen

„Ich sag gerne Ja", sagt Carolin Peter, Wirtin des Kulturcafés mit dem einmaligen Namen. 2012 eröffnete Tonfink in der Innenstadt. Spezialität: „Keine Convenience-Produkte." Das gilt für Küche und Bühne. Nur Gerichte aus frischen Zutaten kommen auf den Tisch. Saftiger Dattel- und Mandarinenkuchen am Nachmittag, Currys am Abend. Snacks wie „Damenimbiss" mit Gemüsesticks und Dips und „Herrenimbiss" mit Knackwurst sättigen Hungrige auch mit Witz. Abends schiebt die Wirtin die roten Sessel im Retrolook vom Podest. Singer-Songwriter, Pop-, Swing-, Folk-, Country-, Tangobands, Poetry-Slammer, Duos und Solisten sind Gäste für einen Auftritt. Die Künstler kommen aus der ganzen Welt. Gespielt wird bis maximal 22 Uhr. Zuhörer können nach eigenem Ermessen für die Liveacts auf der kleinen Bühne zahlen. Eine skurrile schwarze Mops-Figur nimmt die Spenden auf.

Kaleidoskopartige Details machen die kultig künstlerische Atmosphäre unter der alten Holzkassettendecke im Schankraum aus: Den dunklen Gläserschrank hinter dem Tresen entwarf Inhaber Rene Kragl selbst. Das riesige Leuchtbild eines Finken im Herbstlaub entstand auf Wunsch von Carolin Peter. Eine Lampe aus Vogelhäuschen stammt aus ihrer Hand. In einer Ecke bei den Grünpflanzen im Fenster hat eine ellen-lange Singvogelskulptur ihren Platz gefunden. Der nachtschwarze Stein passt perfekt in die kunstvolle Vogelwelt der Bar. Wer sie dorthin gestellt hat? Ein Rätsel. Auf einmal war sie da. „Ich hab gedacht, Rene hat sie hingestellt, er dachte, ich war's." Die Gabe blieb als Raum-schmuck. Ein bemerkenswert glücklicher Ort, an den Künstler ihre Werke bringen und ihnen ein Platz eingeräumt wird.

Der Hinterraum ist eine zweite Welt. Rosarot leuchten ein Sofa und Sessel. Gardinen und Zweiertische machen den Raum gemütlich wie ein Café. Stammtischgruppen treffen sich dort gern in großer Runde. „Als wir die Gaststätte übernahmen, kamen sie einfach weiter hierher", erzählt Carolin Peter. Hanse-Freigeist. Man geht dahin, wo es nett ist.

● Tonfink, Burgstraße 46, 23552 Lübeck, Tel. (04 51) 54 69 00 36
www.tonfink.de
● ÖPNV: Bus 4, 10, 11, 21, 31, 32, 39, Haltestelle Koberg

Ein Breilöffler unter Heiligen

Im St. Annen-Museum

Mitten in Glanz und Glorie der heiligen Familie sitzt im Gertrudenaltar ein kleiner Breiesser. Rechts den Löffel, links einen Topf im Schoß schaufelt der Junge Brei in sich hinein. Es schmeckt ihm im Schutz der Heiligen. Das Kind mit dem zufriedenen Blick sagt mehr als eine Predigt. Der unbekannte Lübecker Künstler, der um 1509 den Flügelaltar schnitzte, rückt mit der Darstellung des Kleinen einfach nach vorn, was den Altarstiftern wichtig war: Bei aller Verehrung der heiligen Familie sollte vor allem handfeste Hilfe im Alltag hervorgehoben werden. Die Gertrudenbruderschaft war wie ihre Namenspatronin für Kranke und Reisende da.

Der Altar, der in der Burgkirche stand, ist einer der 28 Prachtstücke, die im Erdgeschoss des Museums von der Geschichte der Kirchen Lübecks und ihrer Schnitzaltäre erzählen. Einer der kostbarsten Schätze der Stadt ist der Passionsaltar. Der niederländische Künstler Hans Memling schuf den Schrein 1491 für den Dom. Im Geschoss über den Reichtümern der Kirche geht es in der Ausstellung zur Wohnkultur der Hansestädter weltlicher zu. Imposante Händlerschränke mit geheimen Schlössern, stuckverzierte Wohnzimmer und elegante Damenroben werden als Insignien bürgerlichen Wohlstands vergangener Zeiten stilvoll präsentiert. Tasten der alten Domorgel und ein schlangenförmig gewundenes Blasinstrument, ein Serpent, sind in der historischen Instrumentensammlung zu bewundern. Bemerkenswert ist der Ehrentaktstock von Gottfried Herrmann inszeniert. Dem Dirigenten verdankt die Stadt den Aufbau des ersten Sinfonieorchesters. Das Utensil schwebt, unsichtbar aufgehängt, in einem Lichtstrom. Die Materialien lesen sich wie die Bauanleitung für einen Zauberstab: Aus Ebenholz, Elfenbein, Malachit, Karneol und teils vergoldetem Kupfer besteht der Stab des Kapellmeisters.

Mit so vielen unterschiedlichen Eindrücken von der Stadtgeschichte im Gepäck kann man abschließend ganz besonnen durch die hellen Kreuzgänge des ehemaligen St. Annen-Klosters wandeln.

TIPP

Im Museumscafé den Blick auf die Kunstwerke im Innenhof genießen.

● St. Annen-Museum, St. Annen-Straße 15, 23552 Lübeck, Tel. (04 51) 1 22 41 37
www.st-annen-museum.de
● ÖPNV: Diverse Buslinien, Haltestelle Fegefeuer

Ferien überm Amboss

 ## In der Alten Schmiede von Pötenitz

Als Brigitte und Rudolf Pfannschmidt 2003 die alte Schmiede in Pötenitz kauften, hätten sie auch einen Hufeisen-Großhandel aufmachen können. Sie fanden die Glücksbringer überall. Im Haus, in der Werkstatt, im Garten – kistenweise Glück aus alten Zeiten. Es hält bis heute. „Die Schmiede gehörte früher zum Schloss Pötenitz", erzählt Brigitte Pfannschmidt über die Geschichte des roten Backsteinhauses. Dokumente gibt es darüber nicht. Anfang des 20. Jahrhunderts wurde das L-förmige Gebäude wohl gebaut. „Damals hatte man noch Pferd und Wagen, der Schmied war zum Beschlagen der Hufe wichtig." Irgendwann nach 1945 schloss der Handwerksbetrieb. Moderne Fenster in den Mauern zeugen von einer unvollendeten Umbauaktion zu einem Polytechnikum.

Eingewachsen wie ein Dornröschenschloss war das Gebäude 2003. Bis 2015 sanierte das Paar in jeder freien Minute. Den alten Stall, in dem früher die Pferde beschlagen wurden, bauten sie zum modernen Wohnhaus um. Rissen einen Schweinestall ab, bauten eine Garage neu.

Die Schmiede versprüht bis heute ihren alten Charme. Original erhaltene Holzständer, Fachwerk und Fenster mit Eisenrahmen laden zur Zeitreise ein. Die Wände wurden teils mit Lehm verputzt. Unterm Dach legte das Paar Deckenbalken frei. Einkerbungen im Holz zeigen den früheren Platz der alten Esse überm lodernden Feuer.

Unter einem Dach-Halbbogen ist eine Dusche mit einem handgemauerten Himmel aus Strandkieseln eingepasst. Ein Wow-Moment, im Unikat zu stehen. Alte Werkzeuge, Waagen, eine Rechenmaschine und ein Radio im Volksempfänger-Stil halten als Dekoration alte Zeiten wach.

Nachhaltigkeit war ein Motiv der Pfannschmidts, die Schmiede zu erhalten. Das bedeutet für sie auch: Solarthermie. Photovoltaik-Paneele erwärmen Wasser, produzieren Strom und Wärme.

Die vom quirligen Travemünde nur 5 Kilometer entfernt liegenden Ferienwohnungen sind ein Geheimtipp für alle, die es ruhig mögen. Zum Strand sind es 1,5 Kilometer – mit dem Rad ein Klacks.

● Alte Schmiede, Familie Pfannschmidt, Eichenallee 12–14, 23942 Pötenitz, Tel. (01 72) 8 87 96 25
● ÖPNV: Am besten per Pkw erreichbar. Gäste ohne Pkw werden vom Strandbahnhof Travemünde abgeholt.

Priwall ahoi!

 51 Die kürzeste Kreuzfahrt der Welt

Mit der Fähre von Travemünde zum Priwall – das ist die wohl kürzeste Kreuzfahrt der Welt. Alles ist da: Das leise glucksende Wasser am Pier, der Schiffsrumpf in Traumschiff-Weiß, das vertrauenerweckende dunkle Brummen des Motors beim Ablegen, Möwen, die über dem Heckwasser kreisen. Ein Steward hat jeden Gast mit einem freundlichen Nicken an Bord begrüßt. Bis zu 180 Passagiere und ein gutes Dutzend Autos passen auf die jeweils 37 Meter langen Schwesterschiffe. Zwei 500-PS-Motoren könnten jede Fähre wie auf einem Teller drehen. Doch die 32 Schiffsführer halten bei der Verbindung zwischen den Anlegern solide Kurs und Tempo: Mit maximal 6,5 Knoten geht es über den Fluss. Steuerrad ist dabei passé, zwei gerade daumenlange Joysticks reichen für Manöver. Ein automatisches Identifikationssystem (AIS) meldet dem Schiffslenker jeden dicken Pott in der Fahrrinne der Trave. Ein Radargerät zeigt zusätzlich die Position aller Schiffe, von der Segelyacht bis zum Polizeiboot, in der Umgebung an. Bei gutem Wetter wird auf Sicht gefahren.

Am Bug bläst ein frischer Wind den Passagieren salzige Seeluft um die Nase und die Haare aus dem Gesicht. Kaum 2 Minuten dauert die Reise quer über den Fluss – Zeit genug, um sich zwischen den sicheren Ufern der Trave in den Traum von der Freiheit auf See zu vertiefen. Ein paar Atemzüge lang ist es da, das Freiheitsgefühl. Das Schiff gleitet majestätisch dahin, und wir fahren mit. Ein großartiger Moment. Das ruhige Fahrwasser macht das Träumen leicht. Nur kurz vor dem Anlegen ist einmal der Wellengang zu spüren. Man könnte das den ganzen Tag wiederholen, eine berückende Idee: Sicherheit – Freiheit – Sicherheit. Die „Berlin" und die „Pötenitz", Fähren des Stadtverkehrs Lübeck, pendeln viermal pro Stunde, 24 Stunden am Tag auf der 275 Meter langen Strecke.

● Fähre Travemünde Priwall, Stadtverkehr Lübeck, Vorderreihe 12 b, 23570 Lübeck, Tel. (04 51) 8 88 28 28, www.sv-luebeck.de
● ÖPNV: Bus 30, 31, 33, 35, 38, Haltestelle Travemünde/Priwallfähre

Summen heißt Glück

52

Alpaka-Spaziergang in der Palinger Heide

„Na, Jungs!" Wilhelm Sauerland ruft einmal. Chino, Max und Pone drehen sofort die Köpfe. In den dunklen Augen leuchtet Neugier: Was jetzt wohl kommt? Die „Jungs" sind Alpakas, die mit Menschen auf Wandertour gehen. Wilhelm „Willi" Sauerland führt sie mit Gruppen in die Palinger Heide und in den Wald.

Sauerland schaffte die Tiere – Kameliden – ursprünglich als gutaussehende Rasenmäher an. Das Grundstück ist groß, das Gras wächst ständig. Er baute für die bei Aachen gezüchteten Alpakas einen Stall am Haus und fand eine Weide mit Kirschbaum als Schattenspender. Vierbeinige Nachbarn wurden Freunde. Eine Katze kommt zum Morgengruß – ein sanfter Nasenstupser –, Nachbarhund Kaju zum Toben.

Auf die Idee mit den Touren kam Wilhelm Sauerland, weil er merkte, wie positiv sich die drei flauschigen Gesellen auf seine Laune auswirken. „Ich bin sehr hektisch", erzählt er. Nach ein paar Minuten mit den Jungs, beim Ausmisten, Füttern, Wasserhinstellen, wird er ruhiger. Fröhlich. Ist Willi da, macht Max Faxen. Dreht den Kopf wie ein Uhu. Pone schiebt seine Nase dicht vor Willis Nase und guckt. Solange, bis der lacht.

Gruppen mit bis zu zehn Teilnehmern können mit den Paarhufern starten, beim Halftern und Füttern helfen. „Wir haben die drei naturnah aufgezogen", erklärt Sauerland. Das heißt: Die Fluchttiere wahren immer etwas Distanz. Geführt werden sie an einer drei Meter langen Leine. Das Tempo ist gemächlich, die Dauer flexibel.

Tiefe Glücksmomente entstehen beim Laufen mit Max, Pone und Chino. Sie strahlen permanent eine bemerkenswerte Ruhe aus und laden ein, sich diese zu leisten. Die Zeit, so scheint es, strömt langsamer in ihrer Gegenwart. Sind sie entspannt, summen sie. Ihre friedliche Stimmung überträgt sich auf Menschen und wirkt lange nach.

Tiergestützte Therapie gehört zu Sauerlands Beruf. Alpakas sind dafür wie gemacht. Wissenschaftliche Studien belegen das Absenken des Blutdrucks, wenn Menschen Zeit mit Alpakas verbrachten. Die Atmung wird ruhiger. Stress fällt ab. Glück pur!

....

● Willis Alpakahof, Wilhelm Sauerland, Mühlenweg 7, 23923 Palingen,
Tel. (01 57) 53 54 12 99, www.willis-alpakahof.de
● ÖPNV: Bus 390, Haltestelle Palingen-Lüdersdorf

Strudelsport im Abendrot

53

Von der Promenade in den Wittern-Park

Ein Wasserstrudel zum Selbermachen? Man greift einfach zur Kurbel und dreht dynamisch. Das stille Wasser in einer Plexiglasröhre gerät in Wallung. Rotorblätter übertragen die Drehbewegung ins flüssige Element. Langsam bildet sich durch den Schwung ein tiefer Trichter in der Wassersäule. Jeder Feriengast freut sich, wenn der Strudelsport auf Anhieb klappt. Der Wasserwirbel in der Touristenattraktion an der Strandpromenade in Niendorf ist 3 Meter hoch. Das hat Format – so betrachtet mancher Gast das Ferienglück vom Selbsterzeuger amüsiert. Fühlt sich viel besser an als ein winziger Sturm im Wasserglas. Und hat eventuell sogar ein paar Kalorien vom Strudel zum Dessert abgebaut.

TIPP

Zur Stärkung geht's ins Riff, die Strandbar vor dem Hafen.

Beim gemütlichen Familienbummel über die Promenade zieht eine der grünen Oasen im Ostseebad besonders an. Wie die Miniaturausgabe eines Kurparks sieht der Ernst-Wittern-Park aus, der sich schmal zwischen die alten Villengrundstücke geschoben hat. Auf gerade 1700 Quadratmeter Fläche mäandern breite Kieswege unter hohen Bäumen. In den geneigten Beeten sanft modellierter Hügel recken Fleißige Lieschen Blüten himmelwärts. – Ein gepflegter, ruhiger Freiraum, etwas abseits der belebten Promenade, so scheint es. Aber so ist es nicht ganz. Bunte Outdoor-Sportgeräte inspirieren zum Fitnesscheck im Abendrot. Die Gemeinde hat neun robuste Muskelfreunde zum pulsierenden Einsatz des Bewegungsapparats installiert. Balance, Koordination, Beweglichkeit und Ausdauer können intensiv trainiert werden, während das Auge auf dem Grün ruht. So steigt man auf einen kniehohen Wackeltisch und kichert überrascht. – Der Sportsfreund mit den Stahlfedern unterm Standbrett wirkt nur stabil. Er gibt nach: Das Gleichgewichtsorgan ist spontan gefragt. Besser, man greift um die Reckstange am Gerät und studiert das erklärende Piktogramm. Im Park wird gehüpft, balanciert, gelacht. Niendorf hat mit den Geräten ganz offensichtlich einen Nerv getroffen: „Das ist richtig witzig!"

● Wasserwirbel Strandpromenade und Ernst-Wittern-Park, 23932 Niendorf
● ÖPNV: Bus 40, 500, 5920, 5951, Haltestelle Niendorf Hafen

Die Wiederkehr des Sees

54

Feldsteinkirche Ratekau und Ruppersdorfer See

Vor dem Spaziergang zum Ruppersdorfer See macht eine Stippvisite auf dem Dorfplatz glücklich: Drei Denkmale finden sich dicht zusammengerückt auf einem Fleck – ein Hattrick für Geschichtsfreunde: Die Feldsteinkirche aus dem 12. Jahrhundert, die 1897 zum 100. Geburtstag von Kaiser Wilhelm I. gepflanzte Eiche und das Megalithsteingrab „Steinkiste von Ratekau". Landesgeschichte steckt in den Mauern der 1156 aus kleinen Findlingen gebauten Vicelinkirche. In nachvollziehbarer Alterswürde neigt sich der rustikale Turm charmant ein wenig schief vom Dorfplatz weg – wie ein Gruß zum Turmkollegen im italienischen Pisa. Die Reichtümer im Gotteshaus weckten früh Begehrlichkeiten. 1243 überfielen die Lübecker ihre Nachbarkirche. General Blücher stellte 1806 die Alltagstauglichkeit des massiven Gebäudes unter Beweis. Er stellte seine Pferde ganz profan in der Kirche ein, bis er in Ratekau seine Kapitulation im Deutsch-Französischen Krieg unterzeichnete. Vor der Kirche wurde 1980 unter der Krone der Gedächtniseiche das kniehoch aus dem Boden ragende Megalithgrab eingesenkt. Das rund 3500 Jahre alte Grab war 1979 an der Alten Travemünder Landesstraße entdeckt und dort ausgegraben worden.

Mit Geschichte kann auch der Ruppersdorfer See aufwarten. Zum Aussichtspunkt am See geht es vom Dorfplatz über die Alte Schulstraße, links ab in die Bahnhofstraße, die in den Ruppersdorfer Weg einmündet. Der See, der heute nördlich der Gemeinde im Grünen schimmert, verdankt wohl einem defekten Pumpwerk seine Existenz, denn das Gewässer war ab dem 19. Jahrhundert Geschichte. Nachdem es immer weiter verlandete, wurden die restlichen 45 Hektar zum Schluss trockengelegt. 1989 kam jedoch die Wende: Aus der Wiese wurde wieder ein See. Die moorige Senke begann sich von allein zu füllen. Bis 1992 wuchs die angestaute Wasserfläche auf 25 Hektar. Im Naturschutzgebiet haben inzwischen Wasservögel, Seeadler und Eisvögel ihr Revier. Auf der Insel im See findet sich sogar noch ein vierter historischer Hotspot: Reste einer Turmhügelburg.

TIPP

Die Konditorei Café Köster hat Leckeres im Angebot und die schönste Aussicht auf die Kirche.

● Feldsteinkirche, Hauptstraße 10, 23626 Ratekau
www.kirche-ratekau.de, und Ruppersdorfer See
● ÖPNV: Bus 500, 505, 5920, 5950, 5951, 5955, Haltestelle Dorfplatz

Batmans beste Freunde

55 Im Fledermaus-Zentrum Noctalis Bad Segeberg

Mit kugelrunden braunen Augen guckt die Flughund-Dame Foxi neugierig in die Runde. Dann beginnt auf der Terrasse des Fledermaus-Zentrums Noctalis die Turnstunde. Übung eins: Wie ein kleiner schwarzer Rucksack baumelt der armlange indische Riesenflughund am Rücken des Noctalis-Guides. Übung zwei: Klimmzug am Jackenkragen. Foxi hält sich mit gebogenen Krallen fest, schiebt das schwarze Näschen zum Schnüffeltest bis in den Menschennacken. Übung drei: Engelsflügel für den Guide. Dafür breitet sie die lederartigen Schwingen zur vollen Spannweite aus. Sie könnte jederzeit wegfliegen, wenn sie es wollte. „Aber sie ist an Menschen gewöhnt", erzählt der Fledermaus-Experte. Foxi wurde 1999 im Zoo Friedrichsfelde geboren und dort per Hand aufgezogen. Jeder Morgen beginnt für die Flughund-Dame seitdem mit einem Luxusfrühstück. Die Pfleger reichen per Hand geschnittenes Obst. Ihr größtes Glück: Mangos.

Im Noctalis ist immer Dämmerstunde. Jeder Gast bekommt eine eigene Taschenlampe, um die 560 Quadratmeter Ausstellungsfläche der europaweit einzigartigen Schau zu erforschen. „Wir bieten Fledermausgarantie." 130 tropische Brillenblattnasen schwirren in der Fledermausetage hinter einer Glaswand durch die Luft oder knabbern Früchten und Gemüse erst das Fruchtfleisch, dann die Schale weg. In Terrarien leuchten Geckos, Stabheuschrecken und eine Pythonschlange im Lichtkegel auf. Wärme durch Nähe lässt sich zwischen riesigen, von der Decke hängenden Plüschfledermäusen erleben. Die aktuelle Forschung über die fliegenden Säugetiere nimmt einen eigenen Raum ein.

„So, jetzt noch in den Berg", sagt der Guide, zieht den Jackenreißverschluss hoch und setzt eine Grubenlampe auf die Stirn. Der Weg in der Kalkberghöhle schlängelt sich zwischen feuchten Felsnasen 300 Meter lang. 8 bis 9 Grad Celsius kühl ist es im Winterquartier von 30.000 Fledermäusen und dem Lebensraum eines echt einmaligen Typens: Dem Segeberger Höhlenkäfer. „Diese Art gibt es auf der ganzen Welt nur hier."

TIPP

Die Cowboys und Indianer spielen bei den Karl-May-Festspielen vor der Kulisse des Kalkbergs.

....

● Fledermaus-Zentrum Noctalis, Oberbergstraße 27, 23795 Bad Segeberg, Tel. (0 45 51) 80 82-0, www.noctalis.de
● ÖPNV: RB, Haltestelle Bad Segeberg Hauptbahnhof, 15 Minuten ausgeschilderter Fußweg; Bus 7751, Haltestelle Oberbergstraße, Bad Segeberg

Das grüne Wohnzimmer

56 ## Schulgarten von Harry Maasz

Blütenmeere, Blätterrauschen, gepflegte Kieswege, verwunschene Laubengänge, üppige Stauden – das Schwelgen im malerisch schönen Schulgarten beginnt beim ersten Schritt durchs Tor. Der historische Name für das prachtvolle Grün, das zeigt sich sofort, entpuppt sich als Umschreibung für einen exquisiten botanischen Park. Eine private Initiative, der Verein „Förderung des Lübecker Schulgartens", engagiert sich seit 2014 für die Pflege und den Erhalt des edlen Grüns, das seit 2017 unter Denkmalschutz steht. Er plant Vorträge, Lesungen und Konzerte. Die im Jahr mehrfach wechselnde, üppige Bepflanzung verdankt der Garten der Spendenfreudigkeit der Lübecker. Kunstwerke bereichern das Paradies. Im Bauerngarten thront zwischen Sonnenblumen und Akelei ein steinerner Panther im Sprung. Das poetisch elfenfeine Pendant zu Fritz Behns Wildkatze heißt „Dorothea". So nennen die Lübecker liebevoll die Skulptur „Wasserschöpfendes Mädchen" von Ernst Müller-Braunschweig. Im Halbschatten unter Linden lädt sie zum Verweilen ein. Von ihrem Platz aus lässt sich das Gartenpanorama in der Diagonale bestaunen.

TIPP

Ein Besuch vom Kaffeehäuschen Lübeck im Gewächshaus des Schulgartens.

Gewundene Pfade, schmale Durchlässe, wechselnde Landschaftsanlagen und Biotope ziehen Besucher weit hinein in das kleine grüne Juwel, das der Gartenarchitekt und Stadtgärtner Harry Maasz 1913 mit einer damals visionär sozialen Idee plante: Der Park sollte als öffentlicher Raum Bürgern des Stadtviertels Erholung bieten. Ein Lehr- und Schulgarten sollte handfestes botanisches Wissen vermitteln. Maasz' Idee ist Wirklichkeit geworden: Die Nachwuchspflege hat der Garten mit den 2000 Pflanzenarten heute wieder als Aufgabe. In eigens angelegten Beeten auf der 8000-Quadratmeter-Fläche gärtnern Kinder. Es gibt Angebote für Schulen. Der Garten ist das grüne Wohnzimmer für die Menschen aus dem Viertel. Auf weißen Bänken sitzen sie gemütlich mit hochgelegten Beinen und lesen. Sie plaudern beim Flanieren oder betrachten die spielenden Kinder an den seichten Wasserbecken. Gäste im grünen Reich sind gern gesehen.

⬤ Schulgarten, An der Falkenwiese/Ecke Wakenitzufer, 23564 Lübeck, Tel. (04 51) 58 08 60, www.luebecker-schulgarten.de
⬤ ÖPNV: Bus 15, Haltestelle An der Falkenwiese

Made in Lübeck

57 Die Manufaktur für Schönes

Hinter den Panoramafenstern der Manufaktur für Schönes sind schon von der Straße aus die Weber bei der Arbeit zu sehen. Neugierige dürfen den Handwerkern sogar in der Werkstatt über die Schulter schauen. „Gehen Sie ruhig um die Ecke", laden die Verkäuferinnen aus dem angeschlossenen Laden freundlich ein. Altes Handwerk lebt mitten in der Stadt – das ist spannend. Die Vorwerker Diakonie wirbt mit der offenen Weberei für die Produkte aus den Diakonie-Werkstätten, in denen Menschen mit und ohne Behinderung arbeiten. Zentimeterweise wachsen unter den kundigen Händen der Weber Teppiche, feine Decken, weiche Schals und robuste Kissenbezüge. Sie erfüllen Herzenswünsche: Mit Teppichen nach Maß und in der Lieblingsfarbe machen die Handwerker andere glücklich.

„Made in Lübeck" – dieses Prädikat zeichnet die Manufakturstücke aus. Ob Seife, Holzspielzeug oder Geschirr, Sorgfalt und Liebe beim Herstellen und Verpacken sind in jedem Detail spürbar. Pfiffig gemacht sind Holstentor-Filzuntersetzer in Regenbogenfarben. Das kleine Wahrzeichen kann – aus eins mach zwei – aus dem runden Filzrand herausgeschoben werden. Im Café Ulrichs eine Etage tiefer lassen sich die Neuerwerbungen in aller Ruhe bei einer guten Tasse Kaffee bewundern.

Zwischen gezogenen und gegossenen Kerzen in dezenten Farben leuchtet eine knallig-bunte Überraschung: Kleine Wachsausgaben von Verkehrshütchen. Eine Verkäuferin von der Vorwerker Diakonie erklärt die Existenz der quergestreiften Docht-Träger in Warnfarbe: Sie sind eine kleine Hommage an den Lübecker Erfinder Ewald Kongsbak, der die auffälligen Verkehrskegel 1952 erfand. Er wollte mit den in Deutschland innovativen, aber in den USA bereits erfundenen Kegeln, mobile Autobahnabsperrungen sicherer machen. Den Prototyp baute er aus einem Metallkegel, den er mit einer Lage Gummi ummantelte. Das Material fand er im Geschäft seines Vaters, der Händler in Lübeck war. Ewald Kongsbak nannte den Pylon „Lübecker Hütchen".

● Manufaktur für Schönes, Schüsselbuden 6–8, 23552 Lübeck,
Tel. (04 51) 4 00 26 06 01
● ÖPNV: Bus 4, 10, 11, 21, 30, 31, 32, 39, 40, Haltestelle Schüsselbuden

Einmal zum Tor der Hoffnung

58 An der Wakenitz von St. Jürgen nach Marli

Morgens trifft sich auf der Wiese am Schulgarten die Bademantelgesellschaft. Aus den Häusern im Stadtviertel St. Jürgen strömen die Frühbader zur Wakenitz. Geheime Stiegen, zeigen sie, führen bei einer alten Weide in den Fluss. Einmal bis ans andere Ufer schwimmen und zurück, beim Abtrocknen ein freundlicher Schwatz mit den Nachbarn auf dem Rasen, noch ein Buch aus dem Tausch-Bücherschrank an der Ecke mitnehmen – ein schöner Start in den Tag. So sieht ein urbaner Glücksort aus.

Nachmittags gleiten Segler auf dem breiten Gewässer. Die dreieckigen Segel schieben sich zu immer neuen Formationen zusammen. Segelschüler des „Lübecker Segler-Vereins von 1885" trainieren Manövrieren auf engstem Raum, Karambolagen mit Gelächter sind inklusive. „Halse!" oder „Wende!" schallt noch über die Wellen, bevor die roten und gelben Rümpfe zusammenrasseln.

Der älteste in Schleswig-Holstein gegründete Verein hat seine Messe ganz modern an das Restaurant Nordwind verpachtet. Der Blick von der Dachterrasse der Gaststätte auf die bewegten Boote im Wind ist famos. Blickfänger auf dem Ufer gegenüber ist die markante Architektur des Tors der Hoffnung. Das 1937 in C-Form gebaute Wohnhaus wird dem Backsteinexpressionismus zugerechnet. Ein schmucker 4-Kilometer-Rundgang nah am Fluss führt am denkmalgeschützten Haus vorbei. Entlang des Wakenitzufers geht es über die Moltkebrücke, Moltkestraße, nach links in die Jürgen-Wullenwever-Straße, die in den schmalen Drägerweg übergeht. Großzügige Treppenstufen führen im Rudolf-Groth-Park hangaufwärts zu einer Sonnenuhr und zu einem weiten, mit Rosen bestandenen Rondell. Von den Sitzbänken vor dem Tor der Hoffnung eröffnet sich ein grandioser Ausblick auf die Altstadtinsel. Der Weg führt wieder ans Wasser, zur Alexanderstraße. Vorbei am Naturbad Marli und durch den Drägerpark mit den urigen Baumriesen geht es erneut nach links in die Roeckstraße, dann in die Täufer- und in die Falkenstraße. Dort zweigt links der Uferweg zum Schulgarten ab.

....
● Wakenitzufer mit Restaurant Nordwind, Wakenitzufer 9, 23564 Lübeck, Tel. (04 51) 79 07 10 71, www.restaurant-nordwind.de
● ÖPNV: Bus 15, Haltestelle An der Falkenwiese

Eine nostalgische Zeitreise

59 Das Schatzcafé

Zum Augenschmaus ist im Schatzcafé alles fein bereitet. Wie aus der Welt gefallen wirkt das Café auf dem großen Hinterhof in der Stadt. Ein Federvolk Hühner scharrt als Begrüßungskomitee hinterm Tor mit den Füßen und begrüßt mit vorsichtigem Gackern die Gäste. Danach fängt das Staunen erst richtig an: In offenen Dachspeichern hängen Fahrräder an den Sparren, als ob sie fliegen könnten. Stühle und Kommoden stehen in ordentlichen Reihen darunter. Das Antike wird in der Schatzkammer von Jan Becker verkauft.

Die Einrichtung im Café gegenüber erzählt von der Kunst der Besitzerin Imke Krüger, Beziehungen mit Nostalgie herzustellen. Blütengemälde an den Wänden, Gläser in Vitrinen, die Bücher und Spielsachen auf den Regalen wirken wie enge Vertraute. Eine Küchenuhren-Sammlung im Pastell voriger Jahrzehnte verführt zum Uhrenvergleich. Die Zeiger stehen mit stillem Witz unbewegt auf Weltzeit – jeder Zeiger auf seiner eigenen. Die Wand mit diesen individuellen Chronometern, die das Wunder vollbringen, vergangene Zeiten ins Heute zu holen, wird gern fotografiert. Neben einem Turm aus großen Kaffeedosen mit einem Hauch von Patina lehnen Gitarren im Regal zusammen, als würden sie auf ihren nächsten Einsatz warten. Ein Kronleuchter und ein silbernes Saxophon spielen sich unter den Dachbalken blinkend Sonnenstrahlen zu. Jazzmusik untermalt die Gespräche in der zum Café umgebauten ehemaligen Werkstatt. Der selbstgebackene Favorit im Kuchensortiment, New York Cheesecake, wird in üppigen Stücken auf altem Porzellan serviert. Der Zufall komponiert dabei auf handbestickten Tischdecken Variationen von Milchkännchen, Zucker- und Honigtöpfen mit Goldrand, Millefleur und Zwiebelmuster zu harmonischen Ensembles. „Ach, wie schön!", möchte man ausrufen. Das Schatzcafé mit dem ganz persönlichen Charme öffnet aber nur am Wochenende. Und wird es im Winter so kalt, dass der Ofen den Raum nicht mehr heizen kann, bleibt der Glücksort im Geheimen geschlossen.

TIPP

Spaziergang an der Wakenitz. Der Fluss ist über die Augustenstraße zu Fuß in 5 Minuten zu erreichen.

● Schatzcafé, Wakenitzstraße 14, 23564 Lübeck, Tel. (01 73) 7 93 95 55
www.schatzkammer-luebeck.de
● ÖPNV: Bus 15, Haltestelle Hüxtertorallee

Das Abschluss-Feuerwerk

 ## Die Travemünder Woche

Die Travemünder Woche ist das Highlight in der Sommersaison des Strandbads. Hunderte Wassersportler wetteifern beim zweitgrößten Segelevent weltweit mit schnittigen Gefährten in den Segelrevieren der Lübecker Bucht um die Gunst des Windes. An Land quirlt entlang der Ostsee und der Trave das Leben. Meter an Meter reihen sich die Imbiss-, Zucker- und Marktbuden, würzige Aromen ziehen durch die Luft. Im Brügmanngarten locken Kinderattraktionen zum Klettern, Wasserrad laufen und Trampolin-Springen. Scheinwerfer tauchen die Musiker auf den Open-Air-Bühnen in farbiges Licht.

Am Abend des letzten Festwochentags wird die Promenade zur Flaniermeile für Tausende. Jeder sucht einen guten Platz für das Abschluss-Feuerwerk. Das Lichtspektakel ist einfach sensationell. Ratternd und knatternd zischen die Raketen in den Nachthimmel. Riesige Blüten, Herzen und Ringe aus Licht füllen Minuten lang das Firmament. Eine pure Augenweide.

Matteus und Oliver haben Stunden vor dem Abschuss der ersten Rakete auf einem der Badestege vor der Promenade einen Platz gefunden. Ein ruhiger Glücksort ist das, etwas abseits des Trubels. Der Blick auf die Rampen der Pyrotechniker ist frei. Das dunkle Wasser spiegelt in der Dämmerung die Lichter von Zelten und Bühnen an Land. Später wird die ruhige See jeden Funken glitzernd verdoppeln.

Aus der Ferne klingt das Echo des Fest-Trubels. Die Jungs lassen vergnügt die Beine über die Kante der sonnengebleichten Bohlen baumeln und zelebrieren den Moment. Saft und Gläser haben sie aus dem Ferienhaus mitgenommen. Eine Möwe bleibt in ihrer Nähe. Sie betrachtet von einem Poller die angebrochene Packung mit Keksen. Oliver drückt die Knöpfe auf dem mitgenommenen Lautsprecher. Leise legt sich Popmusik aufs Panorama und vertreibt den beiden die Zeit.

20 Minuten lang erhellt dann irgendwann, viel später, der bunte Lichterregen die Sommernacht. Aus dem Dunkel erheben sich Jubelrufe und Applaus der Zuschauer. Schöner kann ein Volksfest nicht enden.

....

● Travemünder Woche, 9 Tage im Juli
www.travemuender-woche.com
● ÖPNV: RB, Haltestelle Strandbahnhof; Bus 35, Haltestelle Lembkestraße

Anarchie auf Samtpfoten

61

Die Löwen-Apotheke

Wie eine kleine Sonne leuchtet ein Löwe am Eckhaus zur Julius-Leber-Straße. Wer in der Königstraße nach Norden geht, sieht das Wappentier der Apotheke über Hunderte von Metern. Das Stadthaus mit dem typischen Treppengiebel hat seine Existenz einem bemerkenswerten Umstand zu verdanken: Erich Mühsams Heimatliebe. Der Lübecker war überzeugter Anarchist und Kommunist. Ein Traditionalist? Wohl weniger. Schon als Schüler im Katharineum verfasste der junge Autor gesellschaftskritische Schriften, die klarmachten, dass er sich nicht unbedingt bürgerlichen Werten verpflichtet fühlte. Umso außergewöhnlicher erscheint sein Engagement für den Erhalt des alten Patrizierhauses. Er wusste: Das Gebäude hat Grundmauern aus romanischer Zeit. Heute zählt es zu den ältesten Profanbauten im Weltkulturerbe.

Für den heutigen Apotheker Marcus Niendorf ist das Haus ein ganz persönlicher Glücksort. „Ich bin Erich Mühsam sehr dankbar dafür. Ohne ihn gäbe es die Apotheke nicht mehr." Einer seiner Vorgänger, Apotheker Alfred Brandt, plante 1898 den Abriss des Gebäudes. Das Haus aus dem 13. Jahrhundert war nicht zeitgemäß. Die sieben Stiegen zum Eingang waren für Kunden schwer zu erklimmen. Mühsam bremste damals Brandts Bau-Elan mit einer medienwirksamen Aktion. Der Autor, der damals gerade in der Adler-Apotheke lernte, verfasste Zeitungsartikel, die in fünf Tageszeitungen gleichzeitig erschienen. Er brachte damit eine Art frühzeitiges Crowdfundingprojekt ins Rollen: Ein Komitee zum Erhalt des Hauses wurde gegründet. Die Gesellschaft zur Beförderung gemeinnütziger Tätigkeit sammelte 25.000 Goldmark von privaten Spendern und verband die Übergabe an Brandt mit einem Vertrag, der ihn zum Erhalt der Fassade verpflichtete. Aus diesem Grunde ist das architektonische Kleinod noch heute in Lübeck zu bewundern. Nur, wer die originale Löwenskulptur an der Hauswand sucht, sucht vergeblich. Sie sitzt als symbolträchtiger Raumschmuck drinnen auf dem Apothekerregal. Draußen an der Wand wacht ein wehrhaft-wetterbeständiger Bruder aus Beton.

....

● Löwen-Apotheke, Dr.-Julius-Leber-Straße 13, 23552 Lübeck
● ÖPNV: Bus 4, 10, 11, 21, 31, 32, 39, Haltestelle Katharineum

Sport auf der Humboldtwiese

62 Im Park von St. Lorenz Nord

Jippie!! Mit Begeisterung schieben und ziehen Emma, Lana und Jamilia den Bügel der Rudermaschine auf der Humboldtwiese vor und zurück, vor und zurück. „Das ist unser Lieblingsgerät", erzählen sie und rudern, was das Zeug hält. Die Wiese mit dem schönen Ausblick auf Lübecks sieben Türme wächst seit 2014 zum Abenteuerspielplatz mit Platz für Naturforscher. Bürgervereine, Naturschutzverbände und die Stabsstelle Wissenschaft der Stadt Lübeck arbeiten Hand in Hand am Wachstum des grünen Herzens im Stadtteil St. Lorenz Nord.

Auf dem Schafsberg wird bei Schnee gerodelt. In den Büschen und hinter den Bäumen ist jede Menge Platz für gute Verstecke. Für Labrador-Dame Sally, wachsame Begleiterin der Mädchen, und ihre Artgenossen gibt es eine Hundestatue samt Auslaufterrain. Im Frühling und Sommer blühen im 4,7-Hektar-Gebiet Wildblumen und Apfelbäume: „Roter Krieger", „Ruhm von Lübeck" und „Lübecker Marzipanapfel" heißen die neu gepflanzten alten Sorten. Kleine Forscher können auf den Spuren Alexander von Humboldts ausgiebig Pflanzen studieren, summende Insekten beobachten und rotbackige Äpfel vergleichen. Das kräftigste Glücksherzklopfen wecken bei vielen die 15 Sportgeräte. Die robusten Edelstahllinge im Bewegungsparcours machen mit. Ihre Bewegung lädt ein, Tempo, Ausdauer und Kraft zu testen. „Wenn ich Sally ausführe, dann probiere ich immer einmal alle Geräte aus", erzählt Jamilia. Hitsport nach Rudern ist der Lianenschwung wie Tarzan. Ein Tampen hängt dafür zwischen Pollern parat. In einer Fußschaukel sausen die Beine, huiiii!, in gegenläufiger Pendelbewegung in die Luft. Lana zeigt vergnügt: Bis in den Spagat! Sinnieren über naturwissenschaftliche Phänomene und über kinetische Energie sind große Ziele im Bewegungspark. Dazu Motorikschulung und die Verbindung der Generationen. – Die Geräte sind auch für Erwachsene – Eltern und Großeltern – gedacht. Und machen, na ja, einfach unbändigen Spaß.

● Humboldtwiese, Eingang gegenüber Dornbreite 135, 23556 Lübeck
www.wissen-luebeck.de
● ÖPNV: Bus 12, Haltestelle Nuelsenstraße

Beschwingt in den Schlaf

63

Im Kofferhotel Schmilau

Über dem Dach eines Eisenbahnwaggons schwebt ein riesiger Koffer. Ja, wirklich. Wie aus einem alten Märchenbuch herausgepurzelt, mit Riemen und einer großen Lasche, lugt er zwischen grünen Blättern alter Bäume hervor. Beige und braun, mit runden Ecken, fast wie eine Schatztruhe. Oliver Victor führt über eine schmale Wendeltreppe zum Schlafzimmer in luftiger Höhe. Nach zwei, drei Stufen kommt die erste Überraschung: Das gesamte Übernachtungskunstwerk schwingt. Bei jeder Bewegung federn die Treppe und das Zimmer darüber sachte nach, wie ein Halm im Wind. Das Schlafzimmer, so scheint es, tritt in einen kinetischen Dialog mit seinen Gästen. Der Koffer nimmt jede Bewegung auf und reagiert.

Im Schlafgemach steckt die nächste Überraschung: Mannshoch ragt eine aus Holz geschnitzte Zahnpastatube als Skulptur in den Raum. Zwei Zahnbürsten im gleichen Format hängen als Deko unter der Decke. Gleich könnte ein Riese bei der Morgentoilette danach greifen. Die Fantasie in den Details macht Spaß. Oliver Victor liebt es erkennbar, die kleinen Unikate auf seinem Bahnhof zu planen. 70 alte Waggons kaufte er 1999 für seinen Traum vom alternativen Ort für Gäste. Später kam eine alte Lok dazu. „Wir nehmen uns jedes Jahr ein Winterprojekt vor." Dann entstehen die kleinen Wohnschmuckstücke in Maßarbeit. Jedes erzählt eine Geschichte. Im Waggon mit Zirkusinterieur sind die Betten auf mehreren Ebenen ineinander verschachtelt. Aus dem Boden bis durchs Dach, mitten im Schlafzimmer, wächst in einem anderen Wagen ein Baum. Winzige Holzhäuser in Baumkronen über den Waggons wecken sofort die Kletterlust: Über urige Leitern sind die bunten Räume zu erreichen.

Einar, der Entgleiste, so heißt die ausrangierte Lok, besitzt einen erfreulich hohen Wellnessfaktor: Im Kohlentender blubbert ein moderner Whirlpool. Die Umnutzung des Kesselraums passt perfekt: Eingeheizt wird dort immer noch – allerdings den Gästen in der Sauna.

● Kofferhotel, Am Bahnhof im Zug, 23911 Schmilau, Tel. (0 45 41) 88 32 16
www.erlebnisbahn-ratzeburg.de

Die Seligen von Lübeck

64

Gedenkstätte in der Propsteikirche

Menschliche Stärke kann ansteckend wirken, Mut machen. Kirchenführer Rudolf Abold hat sich anstecken lassen von vier Geistlichen, die in der Propsteikirche Herz Jesu 2013 einen eigenen Gedenkraum bekamen. „Sie haben bis zum letzten Atemzug an ihre Überzeugungen geglaubt", war für den Ehrenamtler der erzbischöflichen Stiftung der Impuls, die Erinnerung an die vier Männer wachzuhalten. Die Seligsprechung von Hermann Lange, Eduard Müller und Johannes Prassek durch Papst Benedikt XVI. und das ehrende Andenken an den evangelischen Pastor Karl Friedrich Stellbrink war für Abold der Auslöser für sein Engagement in der Kirche. Abold hatte im Juni 2011 an einem außergewöhnlichen Gottesdienst teilgenommen. Vor 6000 Zuschauern wurden die Namen der Märtyrer aus Lübeck verlesen, die am 10. November 1943 durch die Hand von Nationalsozialisten starben. Ein bewegender Moment. „Sie sind glühende Zeitzeugen des aktiven Widerstands gegen den Nationalsozialismus gewesen." Ins Rollen kam die Seligsprechung erst, nachdem die verschollenen Abschiedsbriefe der in Hamburg Inhaftierten in den 90er-Jahren entdeckt wurden.

TIPP

Nachmittags färbt das Westfenster die Kirche herzerwärmend rot.

Die vier Geistlichen sind für ihn Stellvertreter einer großen Bewegung. „Es hat so unfassbar viele Widerständler gegeben, die nicht bekannt sind." Auch für das Gedenken an sie sei der Erinnerungsraum mit der Krypta in der Kirche von 1888 gemacht. Noch sind nicht alle Kapitel über die vier Lübecker Geistlichen geschrieben. Fest steht: Ihre Zivilcourage hat nicht nur Rudolf Abold entflammt. Ein Roman verarbeitete die Biografien der Geistlichen. Auf einer Briefmarke sind ihre Gesichter verewigt. Im Archiv ruht seit 2017 Material für ausgiebige wissenschaftliche Forschungsprojekte. Briefe, Dokumente und ein Film über die Bombardierung Lübecks im Zweiten Weltkrieg werden in der Ausstellung leicht erfassbar, an beweglichen Wänden, präsentiert. Gedanken über das Glück, etwas Gutes tun zu können, aber auch in Frieden leben zu dürfen, stellen sich an diesem Ort wie von selbst ein.

● Propsteikirche Herz Jesu, Parade 4, 23552 Lübeck
www.katholische-pfarrei-luebeck.de
● ÖPNV: Bus 1, 2, 4, 6, 7, 9, 15, 16, 17, 8710, Haltestelle Fegefeuer

Das Römische Reich in Lübeck

Wohnen im Ganghaus

„Ich wohne im Römischen Reich" – was für eine ungewöhnliche Adresse. Adelheid Schröder genießt verschmitzt die Verblüffung, die sie auslöst. Sie liebt das Rätsel, das den Gang umwebt, der von der Mühlenstraße abzweigt. Nur eine Sache ist wirklich sicher, erzählt die Lübeckerin. „Keiner weiß genau, weshalb der Gang so heißt." Die 90 erhaltenen Gänge und Höfe in Lübeck sind ein Stück typische Stadtgeschichte. Mit dem wachsenden Erfolg der Hanse brauchten Gewerbebetriebe mehr Arbeitskräfte. Und die brauchten Platz zum Wohnen. Im Mittelalter wurden dafür anfangs Holzbuden, später Steinhäuser hinter den großen Stadthäusern gebaut. Sie sind durch schmale Durchlässe in den Hausfronten erreichbar. Heute sind die Immobilien aus der Nachverdichtungszeit begehrte Schätze.

Adelheid Schröder hat als Reich im Reich vor ihrem Haus ein grünes Paradies angelegt. Ein Pflanzenwald mit duftendem Lavendel, reifen Tomaten und Akelei wuchert in Töpfen. Spatzen schwirren um ein Vogelhaus. So richtig privat ist das Gärtchen auf dem öffentlichen Fußweg nicht. Zäune und Hecken gibt es im Gang nicht. Passanten könnten bis zur Gartenbank laufen. Adelheid Schröder hat sich bewusst fürs Teilen entschieden: Sie versteht ihren Garten als einen Glücksort für jedermann. Anschauen ist erlaubt. Sie liebt ihr Viertel, das Gärtchen und ihr Haus, das nur zur Fuß erreichbar ist. „Das Haus, das bin ich." Sie schwärmt von der ersten Begegnung 1977: „Ich hab mich als Erstes in die Türen verliebt. Die Füllungen hatten altes Glas." Für 23.000 Euro erstand die Familie die Luxusausgabe eines Ganghauses mit fließend Wasser und einem Waschbecken im Parterre. Bis Ende 1968 hatten die Gangbewohner am einzigen zentralen Brunnen im Hof Wasser per Hand gepumpt. Alte Dokumente von 1805 zeigen, dass sich früher bis zu drei Familien das Haus teilten. „Drei Stockwerke mit 44 Quadratmeter auf jeder Etage. Das ist größer, als man glaubt." Die Küche war anfangs im ersten Stock. „Ich habe das Wasser eimerweise nach oben getragen – da wird man sparsam."

● Ganghaus Römisches Reich, Mühlenstraße 91, 23552 Lübeck
● ÖPNV: Bus 1, 2, 4, 6, 7, 9, 15, 16, 17, 8710, Haltestelle Fegefeuer

Zum Glück wieder vereint

66 Die Grenzdokumentations-Stätte in Schlutup

In einem Glücksortebuch wie diesem hat das kleine Museum in der ehemaligen Grenzstation in Schlutup einen Platz sicher. 7000 Schaustücke weisen den Weg zu jetzigem Glück. Sie zeigen deutsche Geschichte, die seit 1989 Vergangenheit ist. „Es berührt mich bis heute, wenn ich sehe, wie die Menschen am 9. November durch die offene Lücke in der Mauer strömten", erzählt Ingrid Schatz, als der Film läuft, der die Öffnung der Mauer zeigt, die 1961 quer durch Deutschland gebaut wurde. Die Trennung in die Deutsche Demokratische Republik und in die Bundesrepublik Deutschland war 1989 beendet. Deutschland war wieder vereint, der Kalte Krieg Geschichte. – Was für ein Glück. Die Vorsitzende des Fördervereins des Dokumentationszentrums betreibt mit Ehrenamtlichen seit 2004 das Infozentrum. Alle vereint dasselbe Motiv: privates Glück. Sie gewannen beim Mauerfall 1989 Familie und Freunde aus Kindertagen zurück. Das Wissen um den Wert der grenzenlosen Nähe treibt die Zeitzeugen an, für zukünftige Generationen die Erlebnisse aus der Zeit wachzuhalten, in der politische Willkür ihre in Frieden lebenden Familien trennte.

Die Freiwilligen werden bei ihrer Gedächtnisarbeit unterstützt. „Wir bekommen unsere Exponate geschenkt", sagt Ingrid Schatz. In jedem Grenzstück stecken Fragen. Wie viel Freiheit schätze ich beim Wählen, beim Reisen? Wie groß mag die Liebe eines Staates zu seinen Bürgern sein, wenn er für sie an der Grenze Richtmikrofone, Minenfelder und Elektrozäune installiert? Eine mobile Wachstation, ein Trabbi, ein Originalmauer- und ein Originalzaunelement stehen vor der Tür. Drinnen gibt es ein originales Grenzkontrollfenster, 100 echte Uniformen von Grenzern, ein Fluchtboot, ein Modell des ummauerten Dassower Sees und eine umfassende Sammlung von Dokumenten- und Zeitungsartikeln. Die Erinnerungen haben aber auch leichte Seiten: „Ich zeige Kindern gern, wie die Feldtelefone funktionieren", sagt Ingrid Schatz und dreht an den Kurbeln der Kommunikations-Dinosaurier.

TIPP

Im Restaurant Seglerverein Schlutup (Mühlenweg 4) die Freiheit genießen.

● Grenzdokumentations-Stätte Lübeck-Schlutup, Mecklenburger Straße 12, 23568 Lübeck, Tel. (04 51) 6 93 39 90, www.grenze-luebeck.de
● ÖPNV: Bus 11, Haltestelle Marktplatz; Bus 12, Haltestelle Trave-Park

Guter Grund

67 Am Hemmelsdorfer See bei Niendorf

Tiefer runter als im Hemmelsdorfer See geht es nirgendwo. Sagenhafte 39 Meter unter dem Meeresspiegel wurde 2007 der tiefste Festlandpunkt Deutschlands im Gewässer wissenschaftlich nachgewiesen. Eigentlich ein Glücksfall für touristisch versierte See-Anrainer. Doch Tauch- oder U-Boot-Touren zur Sehenswürdigkeit in der Heimat von Hecht und Zander wurden bislang noch nicht angeboten. Mit charmantem norddeutschen Understatement wurde eine Boje gesetzt, die den Punkt markiert. Es reicht einfach, es zu wissen.

Per Rad lassen sich die idyllisch verwunschene Aalbeek-Niederung und der See auf einer 22 Kilometer langen Strecke erkunden. Hinter dem Vogelpark in Niendorf beginnt ein mit grünen Fahrrädern auf weißem Untergrund bestens markierter Weg, der schon nach wenigen Metern zum Aussichtsturm Hermann-Löns-Blick führt. Von der Plattform in 12 Metern Höhe bietet sich ein Panoramablick auf die 4,6 Quadratkilometer große Wasserfläche. Es geht über die Aalbeek, dann romantisch durch eine kurze Allee aus Kopfweiden hindurch. In Hemmelsdorf lohnt ein Abstecher nach links: Vom kleinen Hafen führt eine Rundsteganlage zu einem Vogelbeobachtungshäuschen mitten im See. Unter den sonnengebleichten Holzbohlen schwappt und gluckst das grüne Wasser. Der nächste schöne Blick offenbart sich beim Abstecher zur Badeanstalt in Offendorf. Von der Wasserrutsche geht es mit Schwung ins kühle Nass. Achtung! Kräfte in Kreuzkamp und Grammersdorf sparen. Es geht bergauf. Die steilen Steigungen vor Warnsdorf lassen sich mit einem Körbchen Erdbeeren versüßen – am Rand der Strecke kann selbst gepflückt werden.

Runter vom Sattel, rein in die Geschichte, heißt es in Häven. Auf einer kuppelförmigen Erhebung der Geest hat dort wohl die Turmhügelburg Goosevelde gestanden. Ritter nannten sich die Bewohner damals, vorüberziehende Händler und die Stadt Lübeck sahen das etwas anders. Sie gaben dem Ort den Namen „Räuberkuhle" und schleiften die Burg.

TIPP

Wer mehr Süßes mag, schleckt ein Bauernhof-Eis von Steffens am Obsthof Knoop.

● Hemmelsdorfer See, Start Radtour Parkplatz An der Aalbeek, 23669 Timmendorfer Strand
● ÖPNV: Bus 30, 40, 500, 5920, Haltestelle Niendorf Vogelpark

Kolosse am Kunstkilometer

 68 Das Bildhauersymposium in Neustadt

Wolken aus Steinstaub umhüllen die Künstler. Als mehlige Schicht liegt er auf Kleidern, Straßen, Häusern und dem Hafen. Steinsplitter spritzen unter Meißelschlägen. Sägezähne fressen sich lärmend in Findlinge aus Granit. Das Bildhauersymposium in Neustadt beginnt mit kreativem Krach. Vor einer Lagerhalle am Hafen arbeiten Gäste aus ganz Europa unter freiem Himmel an ihren Werken. Über Stunden und Tage kann man den Künstlern bei der Europäischen Skulpturen-Triennale zuschauen, wie sie das Naturmaterial mit kundigen Händen und Steinmetzwerkzeug in ein Kunstwerk verwandeln. Erst wird die Form herausgearbeitet, dann jeder Quadratzentimeter modelliert.

Irgendwann, Tage später, schweigen die Werkzeuge. Der Staub senkt sich. Und in die klare Septemberluft ragen brandneue Skulpturen. Spiegelnd polierte Oberflächen, exakte Kanten, sinnliche Wölbungen, üppige Ornamente und ein in Blindenschrift gemeißelter Text verlocken zu einer sanften Berührung mit den Fingerkuppen. Ein Glücksmoment, die glatt-kühlen Kunstwerke fertig zu erleben. Die Künstler schälen sich zufrieden aus ihren bemehlten Schutzkokons. 14 Tage haben sie in Overalls, mit Tüchern, Schutzbrillen und Ohrenschützern ausgestattet, gearbeitet. Kurz vor dem Abschied, wenn die Plätze für ihre Werke auf dem Kunstkilometer am Jungfernstieg bestimmt sind, sieht man sie lächeln. Einen Tag später sind sie fort, die Kreativen.

Der Hafen ist so beschaulich und still, als hätten dort nie die Sägen gesungen und Meißel getackert. Nur die mit jedem Symposium weiter wachsende Open-Air-Galerie der Steine bleibt als Erinnerung. Bildhauer Jo Kley bereitet das Livekunst-Projekt als Kurator alle drei Jahre vor. Monate im Voraus sammelt der Künstler aus Schleswig-Holstein Steine in den Kieswerken und findet rund um die Stadt Sponsoren, die den Transport, das Aufstellen der tonnenschweren Findlinge und die Spezialwerkzeuge für das Bearbeiten und Bewegen der Kolosse auf dem Platz gern finanzieren.

....

● Kunstkilometer, Jungfernstieg, 23730 Neustadt in Holstein,
Führungen Tel. (0 45 61) 61 94 30
● ÖPNV: RB, Diverse Buslinien, Haltestelle ZOB/Hauptbahnhof,
Neustadt in Holstein

Trave-Träumereien

69

Rund ums Brahms-Denkmal

Beim Brahms-Denkmal an der Wallstraße gibt es zum Lübecker Altstadtpanorama oft eine überraschende Zugabe: Musik. Schöne Töne hüllen die Skulptur von Bildhauer Claus Görtz und ihre Bewunderer ein. Die Hersteller der Begleitmusik bleiben dabei unsichtbar. Woher die Klänge kommen, ist nur zu erahnen. Schleswig-Holsteins einzige Musikhochschule liegt auf der Altstadtinsel und eine ihrer zahlreichen Außenstellen mit Proberäumen in den historischen Gebäuden an der Wallstraße. Die angehenden Profimusiker spielen dort im Sommer gern bei geöffneten Fenstern. Passanten werden spontan zum Publikum. Bänke, die auf dem nahen Rasen zum Verweilen einladen, werden zu kleinen Glücksorten im Grünen. Die Melodien aus dem Verborgenen machen den Rundblick über die Altstadt doppelt schön. Die Stadtinsel wurde zum UNESCO-Weltkulturerbe erklärt. Jedes historische Gebäude hat seine einzigartige Geschichte. Um vor dem Eintauchen in die Gassen und Straßen der alten Hansestadt das Gesamtbild in sich aufzunehmen, ist der Rasen am Denkmal ein guter Startpunkt. Die musikalische Untermalung öffnet – wie in einem Film – die Augen für Details: In der Wallstraße hängt neben einer Galerie ein Kunstautomat mit einem bunten Comic-Gesicht. Das Brahms-Bildnis mit dem zum freundlichen Gruß gelüpften Hut wirkt irgendwie sprechend lebendig.

Die spitzen Giebel der Salzspeicher, das Glitzern der Trave, die Spiegelung des Turms der St.-Petri-Kirche im Fluss, das Weiß der langsam vorbeigleitenden Ausflugsboote – die Melodien vertiefen den Charakter der Umgebung. Vom anderen Ufer locken modernere Rhythmen auf die Fußgängerbrücke über den Fluss. Zu Tangomusik aus dem Ghettoblaster drehen sich zwischen Restaurants und Trave Tänzer auf dem Kopfsteinpflaster. Musikstudenten schwatzen nach dem Unterricht an Tischen entspannt in allen Sprachen dieser Welt, die Koffer mit den Instrumenten lehnen an einem Stromkasten. Manchmal macht auch große Kunst eine kleine Pause.

TIPP

Die Restaurants an der Obertrave sind perfekt für eine Kaffeepause.

● Brahms-Denkmal, Wallstraße, 23560 Lübeck
● ÖPNV: Diverse Buslinien, Haltestelle Holstentorplatz

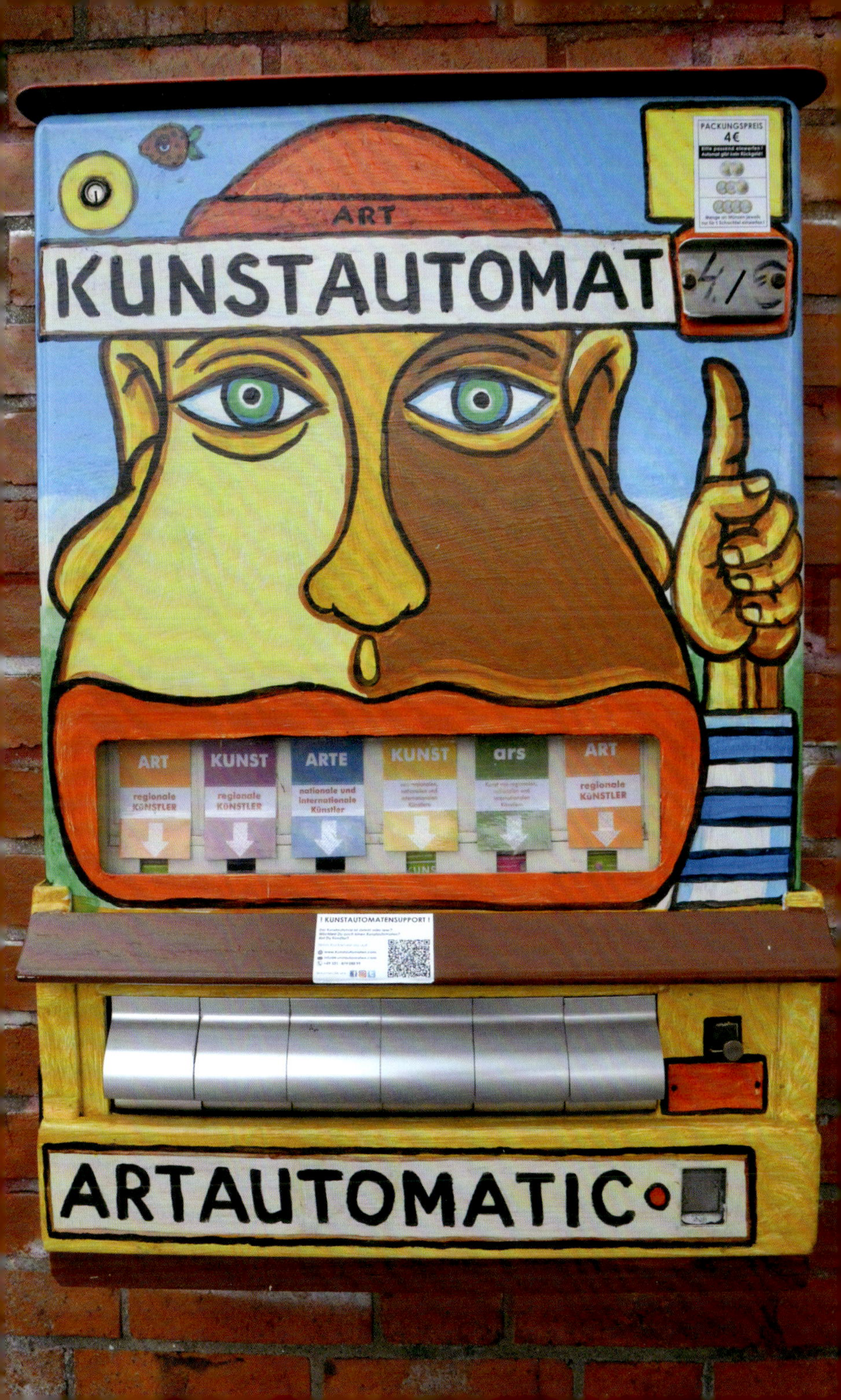
ART
KUNSTAUTOMAT
PACKUNGSPREIS
4€
ART
regionale
KÜNSTLER
KUNST
regionale
KÜNSTLER
ARTE
nationale und
internationale
Künstler
KUNST
ars
ART
regionale
KÜNSTLER
! KUNSTAUTOMATENSUPPORT !
ARTAUTOMATIC

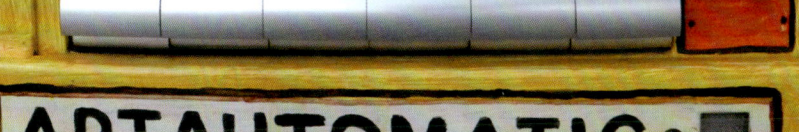

Vergnügt im freien Fall

70

Im Hansa-Park Sierksdorf

Die Haare im Wind, auf den Wangen die Sonne, so sausen die Kinder im Kettenkarussell Runde um Runde. „Noch mal!", rufen sie im Hanse-Flieger begeistert. „Noch mal!" Im Freizeitpark Hansa-Park gibt es Amüsement für wirklich jedes Lebenstempo. Gemütlich wiegen sich breite Boote im ruhigen Wasser der Blumenmeerbootsfahrt. Eltern mit kleinen Kindern genießen den Blick auf farbenprächtige Blüten am Ufer. Die Boote in den Wasserbahnen bekommen durch steile Rutschen schon deutlich mehr Fahrt. Gast Finn steht auf noch mehr Rasanz. „Ich liebe den Nervenkitzel", verrät der 14-Jährige seinen Glücksmoment. Der „Schwur des Kärnan" ist sein Favorit in der Auswahl der sieben Achterbahnen und rund 40 Fahrattraktionen. Vier Liveshows, ein Vier-D-Kino, ein Hochseilgarten und drei Indoor-Spielcenter gibt es für Gäste, die es etwas langsamer mögen.

Über einen Kilometer lang ziehen sich die grünen Stahlelemente vom „Schwur des Kärnan" durch den 46 Hektar großen Park. Mit bis zu 127 Kilometer pro Stunde sausen Achterbahn-Fahrer darin 67 Meter in die Tiefe, vorher haben sie im 80 Meter hohen Turm einen freien Fall rückwärts erlebt.

Den Hyper-Coaster gibt es weltweit nur einmal. Nur im Hansa-Park. Mitfahren im Unikat ist also empfehlenswert. Die Maximen schneller, höher, weiter gelten nur für einen Teil des Vergnügens. Der Hansa-Park bildet auch ein Stück europäischer Geschichte ab.

Gäste können durch eine täuschend echt wirkende, kleine Kopie des Holstentors aus Lübeck flanieren. Dahinter geht es ganz gemütlich zu einem Hansestadtbummel durch gleich mehrere Städte weiter: Historische Hausfronten aus Brügge schließen an Geschäfte aus Paris, das Hanse-Kontor aus Bergen, Läden aus Groningen und an das Krantor aus Danzig an. Na, fast. Die Gebäude sind den Originalen aus europäischen Städten nur nachempfunden. Das allerdings mit viel Liebe zum Detail. Ganz genau hinschauen lohnt sich: In den Hausfronten wurden teils exakt zum kleineren Maßstab passende Steine verwendet. Ein toller Effekt!

....

● Hansa-Park, Am Fahrenkrog 1, 23730 Sierksdorf, Tel. (0 45 63) 4 74-0
www.hansapark.de
● ÖPNV: Bus 522, 5800, 5803, Haltestelle Hansa-Park Großparkplatz;
RB, Haltestelle Bahnhof Sierksdorf, 10 Minuten ausgeschilderter Fußweg

Das eigene Treidlerpatent

71

Bei den Stecknitzfahrern von Berkenthin

1,2 Tonnen Bootskörper, einen kompletten Salz-Prahm, soll ich allein in Fahrt bringen können, haben die Stecknitzfahrer beteuert, als sie mir den Treidelgurt umlegten. Ich stemme mich mit ganzer Kraft nach vorn. Der Gurt spannt sich übers Schlüsselbein. Der Druck des Gurtes biegt die Schulter zurück. „Hrrrrrmpfff!", stünde in einem Comic in der Sprechblase über meinem Kopf. Dann beginnt das Gefährt im Schlepptau zu gleiten. Juchhuu! Geschafft! Der Prahm folgt mir leicht an langer Leine. Drei Bootsleute halten die Maria Magdalena mit Staken vom Ufer fern. Aha. So also funktioniert Treideln. Wie spannend.

2009 gründete sich in Berkenthin die Prahmkameradschaft. 15 Frauen und Männer wollten ein Stück des Salzhandels zur Hansezeit wieder erlebbar machen. Sie bauten ein für den Transport von Waren typisches Plattbodenschiff nach. Spezielle Eigenschaft der 10 Meter langen und 2,40 Meter breiten Maria Magdalena: Die Rekonstruktion aus Lärchenholz kann ohne Kiel auch durch gerade 50 Zentimeter tiefes Wasser fahren. Der Salztransport auf dem Stecknitzkanal ist ein entscheidender Teil der Handelsgeschichte zwischen Lübeck und Lüneburg. Salz war im Mittelalter ein wertvolles Gut, mit ihm wurden Lebensmittel haltbar gemacht. Von Lübeck wurde das Mineral aus Lüneburgs Salinen weiter in den Ostseeraum verschifft. Die Treidler waren dank des extra für den Handel gebauten Stecknitzkanals mit einer Ladung gerade drei Wochen unterwegs und damit damals doppelt so schnell wie Ochsenkarren über Land. Auf der rund 100 Kilometer langen Route zogen auch Ochsen oder Pferde die Boote, die bis zu 11 Tonnen Ladung aufnehmen konnten.

Für das Treidlerpatent der Stecknitzregion wird das Boot ohne Ladung über eine etwas kürzere Distanz bewegt. 200 Meter reichen, dann überreicht Michael Winter, der Vorsitzende der Kameraden, mit festem Händedruck die Urkunde. Ein großer Moment. Die Treidler waren zur Hansezeit zwar Knechte der Salzherren aus Lübeck, jedoch auch eine angesehene Bruderschaft.

TIPP

In Meiers Gasthof am Anleger das Patent feiern!

● Prahmkameradschaft Stecknitz-Region, Michael Winter, Tel. (01 71) 3 69 09 48
www.stecknitz-region.de
● ÖPNV: Bus 8741, 8742, 8771, 8772, Haltestelle Berkenthin Schule

Aus der Sicht einer Perle

72 Das Muschel- und Schneckenmuseum Cismar

Vier Riesenmuscheln, groß wie Kinderwagen, verlocken im Haus der Natur zum Einsteigen. „Na, wer traut sich?", fragt Museumsleiter Vollrath Wiese in die Runde. Im 60-Kilogramm-Exemplar hat selbst ein Erwachsener Platz. – Einmal wie eine schaumgeborene Perle über den gewellten Rand einer Muschel schauen können, ist ein seltenes Glück. Gegenüber liegt als Gegenteil der Riesen ein winziges Schneckenhaus unterm Mikroskop: Um das perfekt ausgeformte Schneckenhaus einer Omalogyra atomus zu erkennen, braucht es die zehnfache Vergrößerung. Fein wie eine Nadelspitze sieht das „Atömchen" auf dem Glasträger aus. Zehn Millionen Exponate hat Wiese in seinem Fundus, 500 Quadratmeter Schaufläche im ersten Stock. Forscher bringen dem 1993 gegründeten Museum von Expeditionen Stücke mit, geschenkte Sammlungen ergänzen den Bestand. Schnecken, Muscheln, Tintenfische, Weichtiere aus aller Welt sind in Wandvitrinen und Schaukästen verwahrt. Strategie-Brettspiele mit Muscheln und Computerprogramme stehen zum Ausprobieren parat. In Aquarien schwimmen exotische Fische, kleine Flundern und Muscheln aus der Ostsee.

Wiese schließt die Türen der Sammlung gern auf: Er gibt eine Venuskammschnecke herum. Pieksig sind die Ausläufer, die die Schnecke vor Fressfeinden bewahren. Muscheln und Schnecken sind wohl die ältesten Musikinstrumente, erzählt der Wissenschaftler und bläst in eine Tritonschnecke, bis die Hülle des Meeresbewohners wie ein Waldhorn klingt. Herzmuscheln vom Ostseestrand haben schrillere Frequenzen. „Bitte nur draußen nachmachen", sagt Wiese und zeigt, wie man die Kalkschalen zwischen den Daumen einklemmt. Doch die Schnecken sind nicht nur schön. Die Kauris schrieben Kulturgeschichte. Porzellan verdankt seinen Namen der Oberfläche der Kauris. Die Gehäuse waren in einigen Kulturen wertvolle Tauschwährung und ein Symbol für Macht. Häuptlinge trugen große Exemplare an einer Halskette. Und beim entspannten Suchspiel „Zwei sind anders" gleiten die wie lackiert glänzenden Gehäuse glatt und kühl durch die Finger.

● Muschel- und Schneckenmuseum, Haus der Natur, Bäderstraße 26, 23743 Cismar, Tel. (0 43 66) 12 88, www.hausdernatur.de
● ÖPNV: Bus 550, 555, 557, 5600, 5601, 5623, 5800, Haltestelle Klosterkrug Cismar

In eleganter Atmosphäre

 73 Das Museum Behnhaus Drägerhaus

Pastellfarbene Schmetterlinge gaukeln an der Decke im Gartenzimmer des Behnhauses. Fein sind Punkte auf den schimmernden Flügeln gezeichnet. Die Schönen der Lüfte sind gemalt. Der erste Stock des Kaufmannshauses mit der Kunstsammlung war früher der Dame des Hauses vorbehalten. Kunstwerke und elegantes Mobiliar gehen heute im Museum Behnhaus Drägerhaus eine befruchtend reiche Allianz ein. „Beide Gebäude waren früher Privathäuser", berichtet Museumsleiter Alexander Bastek. Heute werden sie auch als Filmkulisse geschätzt. „Die Buddenbrooks" wurden hier gedreht.

Weinhändler Peter Hinrich Tesdorpf baute das Behnhaus 1789 nach Vorbildern, die er auf Reisen in Frankreich entdeckt hatte: Die erste rein klassizistische Fassade in der Stadt machte Schule. Innen passierten Besucher zuerst das Kontor des klassischen Kaufmannshauses. In der Diele mit der repräsentativen Treppe und Galerie lagerten Waren. Carl Georg Heise, Direktor des St. Annen-Museums, überzeugte die Stadt 1920, das Gebäude und später das Drägerhaus nebenan zu kaufen. Seine Idee, Gemälde, Skulpturen und Plastiken von der Romantik bis zur klassischen Moderne zu zeigen, wird seitdem auf rund 1600 Quadratmetern umgesetzt. Eine Frauenskulptur des Lübecker Künstlers Gerhard Marcks im Garten verweist auf Marcks Skulpturen, mit denen er im Giebel des nahen Katharineums verloren gegangene Werke von Ernst Barlach ersetzte. Ein Selbstbildnis des Lübecker Malers Friedrich Overbeck, dem Begründer des Nazarener Stils, zählt zu den exquisiten Exponaten. Edvard Munchs Porträt der vier Söhne von Max Linde zeigt Bastek gern bei Familienführungen.

2015 trat ein riesenhafter Zwilling des Bildes „Das Kind im Spielzimmer" von Heinrich Eduard Linde-Walther aus dem Behnhaus in den öffentlichen Raum: Als Plakat wirbt das Mädchenporträt bei der Aegidienkirche für die Idee, Kunst jedem zugänglich zu machen.

● Museum Behnhaus Drägerhaus, Königstraße 9–11, 23552 Lübeck
www.museum-behnhaus-draegerhaus.de
● ÖPNV: Bus 4, 10, 11, 21, 31, 32, 39, Haltestelle Koberg

Wir alle sind aus Sternenstaub

74

In der Sternwarte von Neustadt

Sterne sind Peter Weinreichs Leidenschaft. Seit 2017 erforscht der Physiker die unendlichen Weiten des Weltraums von seiner Sternwarte in Neustadt aus. Inmitten von Mais- und Rapsfeldern steht das Hochleistungsteleskop in einem kleinen Holzhaus. Abseits vom Lichtermeer der Stadt beginnen dort mit Fotos seine Führungen ins All.

Mit leisem Sirren schiebt ein Motor das Pultdach der Sternwarte schräg nach hinten. Der Blick in den Himmel ist fürs Spiegelteleskop frei. Für Langzeitaufnahmen durch die Optik mit 2430 Millimeter Brennweite und rund 50 Zentimeter Durchmesser wird das Fernrohr per Motor und viel digitaler Technik mikrometerweise nachgeführt, um die Erdbewegung auszugleichen. Ein 20 Tonnen schwerer Betonsockel fixiert das Profifernrohr ruckelsicher im Boden. Galaxien, Sternennebel, Planeten, weiße Riesen und schwarze Löcher auf Peter Weinreichs Fotos sind gestochen scharf. Wechselt der Astronom drinnen bei einer Tasse Tee am Acht-Mann-Tisch von der naturwissenschaftlichen Betrachtung der Himmelsphänomene in die Welt der Sagen, wird die Führung zum Träumen schön. Fassbar wie die eigene Familie werden die fernen Sterne, wenn Weinreich mit einem Foto des Sternenhaufens der Plejaden den Mythos der Schwestern erzählt, die am Firmament Schutz fanden. Komplexes erklärt der Diplom-Physiker in kinderleichten Sätzen. Die Popsongzeile „Wir alle sind aus Sternenstaub" etwa öffnet die Augen für das große Ganze.

Jeder Bewohner der Erde, einem der geschätzt 70 Trilliarden Himmelskörper, besteht Molekül für Molekül aus einer Materie, die ursprünglich aus dem Weltraum stammt. Fantastisch. Auf einmal wird klar, was Peter Weinreich am Weltall so fasziniert: Die Erkenntnis über die Beziehung, die zwischen der Erde und dem Universum besteht. Die Frage nach Ähnlichkeiten in der Zusammensetzung der Baustoffe anderer Himmelskörper. Erreicht das Gespräch diese Dimension, ist ein Abend schnell vorbei. „Die Kurse dauern oft länger, als geplant."

TIPP

Besuch
nur nach
Anmeldung!

● Sternwarte Neustadt, Ruhleben 2, 23730 Neustadt in Holstein,
Tel. (0 45 61) 5 26 27 30, www.sterne-fuer-alle.de
● Am besten per PKW zu erreichen

Küsterflüstern im Strandkorb

 75 Das Seebadmuseum in Travemünde

Otto Timmermanns freundlicher Stimme zu lauschen, ist ein Genuss. In einem gemütlichen Strandkorb hat das Seebadmuseum dem Geschichtenerzähler aus Travemünde eine eigene Station eingerichtet. Ein Knopfdruck genügt, dann klingt die Stimme des Küsters von der St.-Lorenz-Kirche im Raum. Mal auf Platt, mal auf Hochdeutsch erzählt er aus der Konserve von der Zeit, als noch Krabben und Krebse an den Pfählen im Hafen saßen. Man hört ihm gerne lange zu. Die Zeitreise mit Otto Timmermann entschleunigt. Auf dem alten Markt, wenige Meter vor dem Museum, gibt es ein Bronzegesicht zur Stimme. Die Travemünder setzten dem Autor, der die Geschichte ihrer Gemeinde so trefflich in Worte fassen konnte, ein Denkmal, das ihn als Vorleser zeigt.

Wandfüllende Schwarz-Weiß-Fotos und Badeanzüge mit knielangen Beinen, die wie zum Trocknen an Leinen hängen, erzählen im Seebadmuseum die Geschichte von Deutschlands drittältestem Seebad. Die Ära der Wasserflugzeuge in der Pötenitzer Wiek dokumentiert ein Film. Aus dem Travemünder Casino hat ein Rouletterad und Werbung mit Appeal eines Nightclubs einen Platz in der einladend modernen Schau. Ungewöhnlich am Ort, der Vergangenes bewahrt, ist das Zukunftsprojekt des Heimatvereins Travemünde. Der Verein stellt das Modell eines Seetempels aus. Der Holzpavillon soll am Brodtener Ufer zu Ehren Thomas Manns einen Platz finden. Vom Original an der Steilküste aus soll der berühmte Sohn der Stadt Lübeck aufs Meer geblickt haben. Der Literaturnobelpreisträger mochte, so ist es überliefert, das halboffene Gebäude als Rückzugsort. Und so soll der Schutz gegen Wind und Wetter in neuer Form wieder erstehen. Clou des neuen Tempels ist eine extra stabile Konstruktion des Betonbodens. Der neue Pavillon kann auf der massiven Platte per Kran komplett angelüpft und verrückt werden, wenn ihm die Abbruchkante der Steilküste zu nahe kommt. – Was für eine Geschichte Otto Timmermann daraus wohl gemacht hätte?

● Seebadmuseum Travemünde, Torstraße 1, 23570 Travemünde
www.heimatverein-travemuende.de
● ÖPNV: Bus 30, 31, 33, 35, Haltestelle Torstraße

Fahrt ins Blaue

Der Blaudrucker Koch von Neustadt

Blau ist seit 1803 die erste Wahl in der Farbpalette der J.H. Koch Werk-stätten. In der siebten Generation veredelt das Unternehmen in seiner Blaudruckerei selbst gefärbte Stoffe. Die per Hand gestalteten Stücke sind Raritäten: In Deutschland bestehen nur noch acht Blaudruckereien. Und so blau leuchtet es anziehend aus einem Regal im Foyer. Tinten-farben wie der Nachthimmel. Verheißungsvoll wie frisch erblühter En-zian. Zart wie eine Handvoll Vergissmeinnicht. Eine Pracht, in der die Augen gerne baden. „Wir mischen dem Farbstoff Indigo noch ein Fa-miliengeheimnis bei", verrät Blaudrucker Klaus Koch-Süzen. Die Lei-denschaft für kreatives Gestalten knistert spürbar in der Luft.

Leinen- und Baumwollstoffe bezieht das Unternehmen wie in alter Zeit aus Litauen und von einer Weberei in Süddeutschland. Die feinen Tischkleider, Schürzen oder Vorhänge sind weltweit begehrt. Sogar in Japan wurde eine Decke aus der Blaudruckerei in Neu-stadt schon verwendet – in einer Teezeremonie. In der Ruhe liegt die Kraft, ist auch das gelebte Glücksmotto beim Druck. Beginnt die Verwandlung des Stoffs zum Kunstwerk, senkt sich meditative Stille über den Drucktisch. Der Stoffveredler spannt mit Nadeln das Material straff. In einem wandhohen Regal warten über 600 Druckstöcke, stempelähnliche Model, auf ihren Einsatz. Spe-zialisten, die Formstecher, stellen die Werkzeuge aus Holz oder Messing bis heute per Hand her. Die ältesten Model sind über 200 Jahre alt. Mit ihnen werden von niedlichen Pünktchen über opulente Blumen bis zu großen Motiven wie dem Holstentor die Muster erzeugt. Früher wurde mit den Modeln Wachs aufs weiße Tuch gebracht, beim Färben blieben die Wachsflächen weiß. Inzwischen entstehen Muster auch durch eine Masse, die nach dem Auftragen einem bereits gefärbten Stoff in einem Entwicklungsbad Farbe entzieht. Das Aufdrucken von Mustern ist eine weitere Gestaltungsfacette. Richtig smart ist eine mo-derne Schutzhülle für die Stoffe: Eine feine Imprägnierung mit Lotos-effekt wird eingewaschen.

TIPP

Führungen sind nach Anmeldung möglich.

● J.H. Koch Werkstätten, Vor dem Kremper Tor 11, 23730 Neustadt in Holstein, Tel. (0 45 61) 62 04, www. blaudruckerei-jhkoch.de
● ÖPNV: Bus 522, 525, 5518, 5801, 5802, 5803, 5970, Haltestelle Markt

Wakenitz im Tretboot

77 Bei der Bootsvermietung Hübner

Im Antrieb unter den Sitzen gurgelt und rauscht das Wasser. Dreimal kräftig in die Pedale treten reicht, dann gleitet das Tretboot eine Zeit lang lautlos über die Wakenitz. Das Süßwasser unter dem Kiel ist glasklar. Decken aus Seerosenblättern wiegen sich auf der Wasseroberfläche. Darunter recken grüne Pflanzen ihre Arme der Sonne entgegen. Der 14 Kilometer lange Nebenarm der Trave zaubert Lübeckern ein wissendes Lächeln auf die Lippen. „Der Amazonas des Nordens" ist unter Bootsfahrern für seine magische Anziehungskraft berühmt. Dschungelartiger Urwald umfängt verwunschen den Fluss im Süden. Die gesamte Wakenitz-Niederung steht unter Naturschutz. „Manche Tretbootmieter fahren bis zum Ratzeburger See und wieder zurück, das kann man an einem Tag schaffen!" Der Mut von Bootsvermieter Matthias Hübner ist ansteckend. So viel Knöf hat jeder in den Beinen. Die Sitze bieten stabilen Halt. Der gleichmäßige Strampelrhythmus entspannt. Die Wakenitz meint es gut mit allen Wassersportlern, die Strömung ist gering. Unter der Moltkebrücke dümpelt ein Ruderboot mit Anglern. „Wir gehen auf Barsche", erzählt einer und wirft mit Schwung die Sehne mit Haken und Gewicht uferwärts. Den Fischen verdankt der Fluss seinen Namen: „Wochnize" ist der slawische Begriff für „Barschfluss". Die Ruderer plaudern, Bug an Bug, mit ein paar Kanufahrern weiter. Das Wasser trägt den freundlichen Ton weit.

Richtung Norden, unter der Moltkebrücke hindurch, ist der Ausflug im Rhythmus der Pedale ein kurzes Vergnügen. Vorbei an bunten Holzhäusern der Segelschulen und den Badeanstalten Marli und Falkenwiese geht es bis zum Falkendamm. Er trennt die Wakenitz von der 3,50 Meter niedriger gelegenen Trave. Auf dem Weg nach Süden verteilen sich die Boote im Strom mit den Inseln und Auen. Mit etwas Glück saust ein Eisvogel pfeilschnell vorbei. Der Königsfischer ist Herrscher zweier Elemente: Bei der Jagd auf kleine Fische taucht er aus der Luft ins Wasser. Man selbst bleibt stiller Beobachter.

● Bootsvermietung Hübner, Augustenstraße 30 z, 23564 Lübeck
www.bootsvermietung-luebeck.de
● ÖPNV: Bus 5, Haltestelle Moltkestraße

Seelenlauscherei am Strand

78 Beim Klangschalenkonzert in Pelzerhaken

Eine wagenradgroße Klangschale glänzt am Strand in den letzten Sonnenstrahlen des Tages golden auf. Jessica Grapatin schwingt den Schlegel einmal gegen das Metall und lächelt in erstaunte Gesichter. Wow! Wie spannend ist das denn? Die Schallwellen bringen den Strandsand zum Vibrieren. Noch meterweit entfernt überträgt jedes Körnchen die Schwingung der Schale. Bei gutem Wetter spielt die Heilpraktikerin Open-Air-Konzerte mit Gongs und Klangschalen am Strand, nur ein paar hundert Meter von ihrem Studio entfernt. Mit dem richtigen Schlegelschwung können die Instrumente aus vielfach legiertem Metall wie Delphinrufe oder das mystische Singen von Walen klingen. Donnerkaskaden kann die versierte Spielerin als Kontrast ebenso erzeugen wie unfassbar irisierende Sphärenharmonien.

Die voluminösen Töne der großen Gongs hüllen die Zuhörer komplett ein. Ein paar Minuten Badezeit im Schwingungsmeer reichen, dann beginnen sich die Muskeln spürbar zu entspannen. Im Lauschmodus werden die Farben des Sonnenuntergangs und die Atemzüge tiefer. Die Gedanken gehen auf Wanderschaft und entdecken, irgendwo zwischen dem Ufer und dem Horizont, die Schönheit des Moments. Gedichte über die Gestirne und den Mond vertiefen die Gewissheit: Seelenlauscherei ist eigentlich der perfekte Name für Jessica Grapatins Konzert. So oft wie möglich spielt sie ihre Klangschalen am Strand. Die Töne stimmen friedvoll, sie machen den geschichtsträchtigen Strand von Pelzerhaken zu einem wundervollen Gestade. Zum Glück ist die ausgebildete Heilpraktikerin auch Pragmatikerin: „Bei Wind finden die Konzerte natürlich drinnen statt. Die Klänge werden zu stark verweht." Beim Klangkonzert im Sommer ist es jedoch windstill. Jessica Grapatin holt zum Schluss den Schlegel aus der Schale und schaut zu, wie die Ostseewellen den metallenen Körper am Wassersaum umspielen, hineinschwappen, ihn anheben und mit ins Tiefe nehmen. Sie lächelt. Die Schale war neu. „So, jetzt ist sie auch getauft."

....

● Seelenlauscherei, Strandallee 12–14, 23730 Neustadt-Pelzerhaken,
Tel. (45 61) 5 25 58 70, www.seelenlauscherei.de
● ÖPNV: Bus 520, 5518, Haltestelle Schaarweg, Neustadt in Holstein

Café mit rotem Faden

 79 Alles gewollt in Pötenitz

Alles gewollt – der Name verrät es: Mit einem Café und einer Wollwerkstatt hat sich Andrea Eisenbarth einen Lebenstraum erfüllt. Im skandinavisch-gemütlichen Wohlfühlort liegt das Glück spürbar in der Luft.

„Hier gibt es viel anzuschauen!", staunen neue Gäste oft. So viel Kreatives in Regalen und an den Wänden verlockt zum Stöbern und Genießen. Von Seifen über Keramikbecher, Honig und Bier bis zum Kaffee „Pötenitzer Liebling": Alle Produkte wurden von Künstlern und Betrieben aus der Region nur für das Café gemacht. „Auf der Karte stehen nur Gerichte, die ich selbst gern mag", zeigt Andrea Eisenbarth. Sie wählt nach gutem Geschmack und mit Auge fürs Detail: Muschelförmig sind die Brötchen, in denen sie frischen Fisch vom Markt aus dem nahen Travemünde anrichtet. Der hausgemachte, vegane Kürbis-Käse-Kuchen ist der Renner. Eine herzhafte Variante für Veganer ist der Jackfruitburger. Für Nicht-Vegane gibt es Bock- und Grillwurst als deftigen Gruß aus ihrer Heimat Thüringen.

Und Stricknadelkuchen. Er verbindet das Café mit Andrea Eisenbarths großer Leidenschaft: Wolle. „Stricken habe ich als Kind von meiner Mutter übernommen", erzählt die Frau, die Elektrotechnik studierte. Farbig leuchtende Garnknäuel ziehen die Blicke aus dem Café zu den Regalen der Wollwerkstatt. Andrea Eisenbarth färbt Wolle selbst mit Pflanzen. „Die Wolle beziehe ich von Schäfern aus der Region."

An einem ovalen Tisch gibt sie ihre Begeisterung für das nachhaltige Material in Kursen gern weiter. An Strickkundige und alle, die es werden wollen. Spinnräder und eine Kardiermaschine zum Kämmen der Rohwolle stehen parat. Färben mit Pflanzen, Spinnen, Filzen, Stricken, Häkeln, Knüpfen – Handarbeitsfans kribbelt es beim Angebot in den Fingerspitzen. Andrea Eisenbarth macht Mut: „Ein Spinnkurs dauert 3 Stunden, dann kann es jeder."

Ein Stricktreff wurde bei ihr Tradition, sie bietet ein Büchertauschregal und Strickanleitungen zum Nachmachen an. Eine Rad-Reparaturstation vor der Tür macht Radtouristen glücklich.

● Alles gewollt, Café und mehr, Bergstraße 16, 23942 Pötenitz, Tel. (01 62) 1 34 67 33
www.alles-gewollt.de
● ÖPNV: Bus 372, 38, Haltestelle Pötenitz/Ausbau

Sonne, Mond und Morgenrot

80 Im Schlafstrandkorb

Zur blauen Stunde, wenn der Strand einmal tief ausatmet und das Meer noch weiter wird, ist das Glück im Schlafstrandkorb perfekt. Die Badegäste haben längst ihre Handtücher eingerollt, Spaziergänger teilen sich beim Bummeln den Wassersaum mit den Möwen. Zeit, um sich in die Decke einzumummeln, das Cabrioverdeck weit zurückzuschlagen und dem Himmel tief in die sternklaren Augen zu schauen. Norddeutsche Dämmerung kann endlos sein. Orange, grünblau und zartviolett färbt sich das Firmament an einem klaren Sommerabend. Irgendwann – gefühlt vor Mitternacht – blinken die Sterne. Wellen rauschen, in der Ferne brummt ein Schiffsmotor, dazwischen macht sich Stille breit. Ein sagenhaftes Gefühl von Luxus breitet sich aus: Im Freien schlafen, mit Seeluft in der Nase – das ist Abenteuer pur. Dabei eine gemütliche Matratze unter sich, über sich die Sterne oder einen festen Schutz vor Wind und Regen – das ist einfach gediegen. Einen ihrer drei Schlafstrandkörbe hat Vermieterin Charlotte Seipel zum Sonnenaufgang gewendet. Durchs glasklare Fenster in der Persenning kitzeln früh Strahlen des Morgenrots Schläfer wach. Der Strand ist immer noch leer, das Licht auf der See berauschend. Auf Wunsch bringt die Strandkorbvermieterin frische Brötchen für ein Frühstück am Meer, gibt abends Picknickkörbe, extra Wolldecken, Zahnbürsten und die Telefonnummer eines Bringservices heraus, der Pizza bis ans Strandbett liefert. Die Frau vom Strand hat ein Herz für Gäste, denen Sandkörnchen zwischen den Zehen allzu sehr kribbeln: Bohlenstege führen bis zu den kleinen Terrassen vor den Kingsize-Körben. Die Nacht am Strand ist eine Herzenssache, weiß Charlotte Seipel. Ihre Gäste halten seit 2017 romantische Momente in Korb-Tagebüchern fest. Heiratsanträge mit Ostseepanorama wurden gemacht, Silberhochzeiten und ein 90. Geburtstag gefeiert. „Die Leute kommen schon im April zum Übernachten."

● Schlafstrandkörbe der Strandkorbvermietung Charlotte Seipel, Rose 10, 23570 Travemünde, Tel. (0 45 02) 56 65, www.travemuende-tourismus.de
● ÖPNV: Bus 35, Haltestelle Lembkestraße

Für Marcel

Bibliografische Informationen der Deutschen Nationalbibliothek
Die Deutsche Nationalbibliothek verzeichnet diese Publikation in der Deutschen Nationalbibliografie;
detaillierte bibliografische Daten sind im Internet über http://dnb.d-nb.de abrufbar.

© 2019 Droste Verlag GmbH, Düsseldorf
2. Auflage 2023
Konzeption/Satz: Droste Verlag, Düsseldorf
Einbandgestaltung und Illustrationen: Britta Rungwerth, Düsseldorf, unter Verwendung von Bildern von
© Fotolia.com: jd   photodesign.de, © iStock: Plociennik Robert
Fotos: Beate König, außer:
S. 45: Philippe Bosseboeuf/Adobe Stock; S. 51: André Leisner; S. 65: Niederdeutsche Bühne Lübeck;
S.87: Jürgen Wackenhut/Adobe Stock; S. 147: HANSA-PARK Freizeit- und Familienpark GmbH & Co. KG

Druck und Bindung: LUC GmbH, Greven
ISBN 978-3-7700-2525-1

www.droste-verlag.de